黄姚古镇

赵林　董立东　著/绘

漓江出版社

时间即使过去了几十年、几百年，

依然川流无止息。

这一刻的时光，

和逝去的每一刻时光，

在古镇面前是无差别的。

Zhao Lin

赵林

国家一级注册建筑师
著作《中国建筑古今漫步 · 广西篇》
参著《走在运河线上——大运河沿线历史城市与建筑研究》
日常主持建筑设计与研究工作
长期关注并参与广西区域历史建筑研究

Adam Dong

董立东

国家一级注册建筑师、高级建筑师
中国建筑学会会员
历任地产集团、建筑设计院总建筑师
大学客座教授
专注于建筑方案创作与历史建筑保护研究，擅长以钢笔速写及多样的绘画形式记录建筑与生活

土特产
黄姚豆
客栈

目录

序

◎ 赵 林

我的职业是建筑师。漓江出版社邀约我著写本书，希望我从一名建筑师的视角，解读黄姚古镇。在一段时间内，我陷入思考：该以一种怎样的方式，告诉读者黄姚古镇的“前世今生”？

有关中国古镇的专业书籍很多，我需要一本与众不同、非专业、不受约束的书。

这本书不是枯燥的建筑理论专业书，不是粗浅的黄姚旅游导览书，不是无聊的黄姚发展历史书，不是抒情的纯文学书，也不是庸俗的风水神话故事书……我的视角放在“易懂、可读、有趣”上，这也是我对这本书的定位。书的内容既包括建筑规划理论，又有旅游导览作用；既介绍黄姚历史，讲讲传说，又抒发一些心情，读完之后黄姚尽在心中。

力所不逮，为此我邀请了建筑师同行董立东老师一起合作，多一双眼睛看黄姚。董老师的视角表达集中在他的画作上，既有自由洒脱的意境，又有严谨写实的画风。有了董老师的画作，这本书一下子变得独特和丰满起来，遮掩了文字表达上的瑕疵。

在撰写本书前，我一共去过三次黄姚古镇。

第一次是在十几年前，我与家人到黄姚古镇旅游。那是一个人潮汹涌的“十一”假期，黄姚给我留下了“热闹街巷、古榕参天、小桥流水”的印象。那一次，我在古镇上买了豆豉。

第二次是数年前，我为了写一本关于广西古建筑的书，专程到黄姚古镇考察，目标是黄姚的古建筑本体。当时是旅游淡季，古镇静谧悠闲的气氛、浓厚的文化底蕴感染了我，让人恍如身处世外桃源，颠覆了我第一次来黄姚旅游时的印象。我再次在古镇上买了豆豉。

第三次是 2020 年 9 月，我与漓江出版社的梁志、霍丽、李慧三位老师以及董老师一起，到黄姚古镇进行写作采风。相较于前两次的匆匆半日游，这次我们在黄姚盘桓了整整三天，走访管委会，在博物馆负责人的带领下游览，听当地人讲故事，住民宿，尝特色美食……获得了对黄姚古镇前所未有的体验，对这个世外桃源有了更深的认识。古镇豆豉飘香，这次我闻了三天的香味，不再购买豆豉，但是董老师购买了豆豉。

完成书稿后，脑海中那个微山淡云、市井参差的美景再次浮现，我又想去黄姚了。或许，这本书会有这么一个作用，也是我不敢说出来的期望：让没去过黄姚的人，想去黄姚；让去过黄姚的人，想重游黄姚。

如果再去黄姚，我一定还会购买豆豉。

2021 年 10 月 20 日

Adam DONG 2020.9 黄姚古镇

这是黄姚

黄姚，梦境桃花源

黄姚镇位于广西贺州市昭平县的东北部，它东距贺州市 75 公里，西距昭平县城 73 公里，北距钟山县 54 公里，南距梧州市 115 公里，西北距桂林市 200 公里。明洪武十八年（1385 年）其归宁化里辖，清咸丰十年（1860 年）属“关”字区辖。民国十五年（1926 年）广西实行区乡保甲制度，全县分明源、黄姚、马江三大行政区和 23 个小乡镇，在黄姚区设立黄姚镇。新中国成立后，1950 年，昭平全境划分为一、二、三、四区，黄姚镇属二区管辖；1955 年称为黄姚区；1960 年称黄姚公社；1984 年黄姚公社拆分为黄姚镇和巩桥乡，黄姚镇政府设在黄姚街；2005 年巩桥撤乡并入黄姚镇，镇政府设于巩桥，黄姚街为一个村级行政单位。世人所熟知的“黄姚”，便是黄姚街，面积约 3.6 平方公里，有 600 多户居民，人口约 6000 人。“黄姚古镇”是对外宣传的景区名称。

群山环绕的黄姚

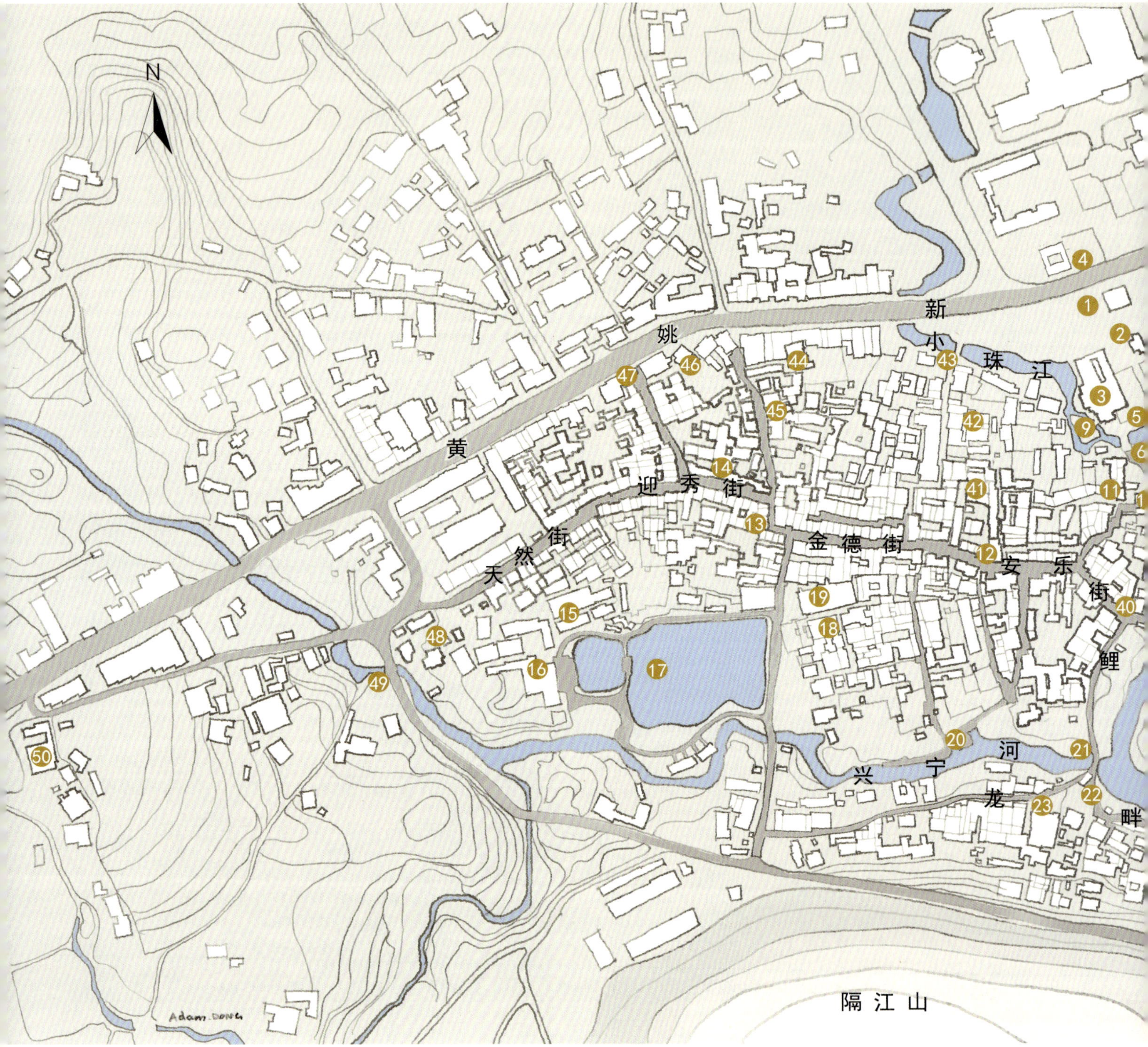
N
黄 姚
新 小 珠 江
迎 秀 街
天 然 街
金 德 街
安 乐 街
鲤 畔
兴 宁 河
龙
隔江山
Adam.DONG

1 钱兴广场
2 古戏台
3 宝珠观（中共广西省工委旧址）
4 古氏宗祠
5 龙爪榕
6 佐龙祠、佐龙桥
7 鲤鱼跳龙门
8 石跳桥
9 宝珠山
10 亦孔之固门
11 高士其故居
12 安乐祠
13 太平门
14 欧阳予倩故居
15 郭家大院
16 郭氏宗祠
17 南塘
18 吴氏宗祠（广西艺术馆旧址）
19 黄姚戏院
20 仙人古井
21 护龙桥
22 兴宁祠
23 天佑古公祠
24 司马第
25 仙山祠
26 守望门
27 索龙桥
28 夫妻榕
29 东门楼
30 南蛇出洞
31 张锡昌故居
32 会龙社
33 新兴门
34 郎官第
35 梁氏宗祠
36 余庆一门
37 见龙祠
38 带龙桥
39 盘道石鱼
40 永安门
41 劳氏宗祠
42 林氏宗祠
43 三星门、三星桥
44 莫氏宗祠
45 广西日报社旧址
46 黄氏宗祠
47 西顾延熙门
48 接龙门
49 天然亭
50 叶氏宗祠

黄姚总平面图

2021.2

可以兴，黄姚有戏

黄姚宝珠观戏台。

桂剧《穆桂英》正在上演。密集的鼓钹声中，穆桂英头戴凤翅粉金盔，冠插雉鸡翎，身披绣边粉花甲，后背四杆粉红镶边角旗，手擎金枪，英姿勃发；杨宗保身披银盔银甲，同样冠插两条雉鸡翎，后背四杆银黄镶边角旗，左手执缰绳，右手持银枪，威风凛凛。戏台上鼓乐震天，角旗翻飞、雉鸡翎颤动……台下挤满观众，从戏台前一直到宝珠观的空地上，人山人海，不时爆发出阵阵喝彩声。

演出剧目不仅有《穆桂英》，还有《打金枝》《闹严府》《三气周瑜》等，以及彩调剧《四九问路》《哑子背疯》等，有时甚至会到广东请粤剧戏班、到湖南请祁剧戏班过来。各色剧目轮番上演，今天演，明天演，后天演……要足足演个三天三夜，甚至六天六夜，让十里八乡的乡亲们过足戏瘾。

这就是黄姚宝珠观的“三月三”庙会。

农历三月初三，烟雨迷蒙，春意盎然。这一天，是瑶族同胞纪念其祖先盘瓠的“干巴节”；是壮族始祖布洛陀的诞辰，是壮族人民到垌头田间去唱歌的“窝坡节”；是汉族的“上巳节”，道教真武大帝的诞辰。“三月三”是当地各族人民欢庆的节日，与春节同等重要。

宝珠观是道教庙宇，供奉着真武大帝。真武大帝广受汉族民众信奉，自唐始，在历代朝廷均有封号。明成祖朱棣敕封真武大帝为“北极镇天真武玄天大帝”，并在武当山修建瑰丽辉煌的宫观，在天柱峰顶的金殿供奉真武大帝，一时声势显赫无比，民众信仰进入最鼎盛时期。其时官方和民间修建了大量的真武庙，遍布全国。

黄姚宝珠观供奉真武大帝亦始于明代。原来的宝珠观为当地瑶族、壮族民众建立的庙宇，规模不大，可能是供奉佛祖或者地方神祇的。每年“三月三”，瑶族、壮族民众在庙前举办庙会，祭祀神灵。

明代汉族移民进入黄姚后，为了在精神上寻求依托，便在黄姚山根寨修建了兴宁庙，主祭真武大帝，并在每年真武大帝诞辰举办庙会。随着汉族民众人数的增加，兴宁庙的庙会越办

戏台 戏台作为黄姚镇内有文字记载的最古老的建筑物，见证了黄姚镇的历史发展。戏台之上承载着一出出悲欢离合，而戏台本身也是整个黄姚历史大戏中的一分子。

越红火，而且新奇热闹。

明洪武八年（1375年），以大藤峡为中心，包括浔州府、梧州府西部、平乐府西部及柳州府南部在内，方圆600余里的地方爆发了瑶族反抗明王朝压迫的斗争，持续了250余年，加上弘治年间的古田壮族起义，隆庆年间的府江瑶壮人民起义，冲击了明朝的统治，朝廷对壮族、瑶族民众的压迫加剧。受此影响，黄姚的瑶族民众及部分壮族民众逐渐迁走，至明万历年间，黄姚基本已没有瑶族居民。留下的壮族民众在举办“三月三”庙会的时候备感冷清，对同日举行的兴宁庙会盛况艳羡不已。

既然是同一片地域，又在同一个日子举办庙会，何不共同举办呢？壮族民众主动向汉族民众发出了邀请。作为外来客的汉族民众受到世居壮族民众的盛情邀请，自然是心存感激，欣然接受。那么，庙会是在兴宁庙还是在宝珠观举办呢？兴宁庙新落成，颇具气势，但背靠隔江山，面前是姚江与亭子溪交汇处，场地较为局促，不利于大量人员的集中。宝珠观场地宽敞，但庙宇颓败狭小。壮族、汉族民众商议后一致决定：宝珠观是原来的“地主”，有宽敞用地，庙会方便设于宝珠观；由汉族民众出资扩建宝珠观，把兴宁庙供奉的真武大帝移到宝珠观供奉，以适应祭祀和庙会的需要；兴宁庙留作祭祀土地公和土地婆。

不久，一座占地两亩，前后两进，主轴线上布局照壁、门楼、大殿，天井两旁左右厢房合围的大宫观呈现在黄姚民众眼前。巍峨壮观的门楼面阔三间，门前石狮镇守，前廊檐柱为雕刻精美的石柱，硬山马头墙，屋顶脊饰为繁复华丽的石湾陶瓷和灰塑，大门匾额上“宝珠观”三个字金光闪闪。门楼后为华丽的大殿，大殿面阔三间，雕梁画栋，盘龙缠柱，殿内供奉真武大帝金身塑像。真武大帝仪态端庄，外袍内甲，被发跣足端坐于神座之上，左手捏诀，右手执剑，不怒自威。旁边塑有专替真武大帝记录三界中善恶功过的金童玉女，脚下盘踞着张牙舞爪的龟、蛇二位护卫大神。整个宝珠观为典型的广府样式建筑，反映了黄姚的汉族移民主流来自广东。宝珠观建成后，成为黄姚十里八乡首屈一指的宫观，也成为黄姚整个信仰与祭祀空间的中心。照壁上的一副对联“窥透灵山千叠嶂，别开兜率一重天”道出了宝珠观的性质。宝珠观戏台同时兴建起来，免除了每次庙会都要搭建临时戏台的麻烦，同时使宝珠观的整体性加强，观瞻更加雄伟。

从此，宝珠观“三月三”庙会比以往规模更大、内容更丰富，盛况空前。庙会有打醮、演戏、舞狮、舞龙、抢花炮、杂耍、耍猴、斗鸡、吹奏等文娱活动。民众张灯结彩，杀鸡设酒作食，隆重款待远近各方来访的亲朋好友。“三月三”一大早，宝珠观开始祭祀真武大帝，民众涌入宝珠观参加打醮。打醮即宝珠观道士诵经做法事，为民众求福禳灾。在宝珠观求得福分后，人们再回到自家祠堂以及社祠祭拜，就可以出来逛庙会了。除了各式文娱活动，吃食也是重头戏。庙会上的饮食极其丰富，五色糯米饭是主角，应季的菜包豆豉饭、瓜花酿、笋酿、柚子皮酿，还有豆豉粉、九层糕、葱角、落水狗（灰水糍）等自然也少不了，单是糍粑就有鸡颈糍、艾糍、竹叶糍、白糍、芋头糍、剪刀口糍、油炸糍、煎豌豆糍等，让人眼花缭乱、垂涎欲滴，只恨肚皮不够用。看戏是庙会的主要节目，聚在戏台前面的人最多。戏台上的戏班轮番上阵，从白天唱到夜晚；夜晚用豆油灯、松脂柴来做照明，又一直唱到天亮。戏班演出三天三夜，庙会就举办三天三夜。假若资费充裕，比如街上某位乡绅有喜事，捐钱请戏班加演，戏班演到六天六夜，那么庙会就持续六天六夜。可以说，宝珠观“三月三”庙会的中心不在宝珠观，而是在宝珠观戏台。

广西目前遗存有将近70座古戏台，大部分位于桂林、贺州等桂东北地区，即明清时期的桂林府和平乐府。这些遗存的古戏台，除了为数不多的几座建于清代以前，其余的几乎都建于清乾隆年间及以后。宝珠观戏台建于明代，是广西古戏台中的珍品，在清乾隆年间进行了大修，呈现现在的格局。为什么清乾隆年间及以后，贺州地区出现戏台建设高潮？这与明清时期从湖南、广东来桂东北的移民有关，同时也与地方戏曲的发展相适应。

桂林府、平乐府地处桂、湘、粤三省交界，素有“三省通衢”之称，因为秦代修建古道穿越萌渚岭到达楚境，成为广西较早接受中原文化的地区之一，从而移民不断、商贾云集，促进了当地经济文化的发展，戏曲自然随之流传。清代帝王好戏曲，京城梨园舞台一派繁荣兴盛景象，“上有好者，下必有其焉者矣”，全国各地造台设馆、搭班演戏一时风靡，风气也影

戏台木构 戏台为单层歇山顶，插梁式木构架，台中四根金柱通高到顶，檐柱置于外沿。翼角不设子角梁，仅在挑檐檩上架设生头木，使翼角看上去较为平缓。金柱间平铺木板天花，饰以佛道八宝图案。檐下装饰有精美的木雕封檐板。

响到了贺州地区。贺州地区流行桂剧、彩调、粤剧等。湖南祁剧传入桂北后与当地各种唱腔结合，最终形成桂剧，在清康乾时达到兴盛，成为广西地方剧种之一。彩调俗称调子、彩灯、采茶等，源于桂北地区农村的歌舞、说唱，融入湖南调子衍化而成，形成的时间大约在清中后期。清乾隆年间，粤剧剧班跟随广东商人来到广西，粤剧开始在桂东北流传。贺州地区剧种的起源与发展，都与湖南、广东的剧种息息相关。湘、粤来桂东北的移民数量在清代雍正、乾隆年间达到顶峰，剧种亦趋于成熟，筑戏台、唱大戏已经成为民众日常生活中的重要组成部分，戏台大量出现，桂东北成为广西戏台分布最为密集之地。清末，黄姚成立本地桂剧戏班和彩调戏班，戏班不仅在黄姚宝珠观戏台表演，冬季农闲时节还到各个村落的戏台巡回演出，这是贺州地区戏曲兴盛的一个缩影。1995年，宝珠观戏台被收入《中国戏曲志·广西卷》，成为记述广西戏曲事业发展的重要证明。

贺州地区众多的古戏台，大致可分为庙宇戏台、宗祠戏台、会馆戏台和万年戏台四类。宝珠观戏台是宝珠观整体的一部分，从功能上来讲，与其他所有戏台一样，是作为演戏使用的，但从戏台类别来分，宝珠观戏台为庙宇戏台。古人在面对人力所不能解决的天灾疾苦时，只能通过求神问卜，趋吉避凶来求得一份心安。古人以己推神，以人们自己所住的房屋、所见的花园，想象神仙居住的天宫仙苑；从自己喜欢戏曲歌舞出发，天真地认为“神非此不乐”。于是，人们建造华丽的庙宇让神仙居住，举行歌舞活动来敬神酬神，这就是戏曲等文艺活动产生的源泉。当代戏曲戏剧艺术研究学者高琦华曾说：“由宗教的敬神而转到酬神，再转而为娱人；由歌舞祀神的宗教祭仪发展出民间社会喧腾热闹、如火如荼、人神共娱的迎神赛会，这是宗教祭祀歌舞在性质上的一大转变。”配建于庙宇的戏台用于演戏敬神，这一类戏台为庙宇戏台，除了宝珠观戏台，贺州市还有富川瑶族自治县朝东镇福溪村灵溪庙戏台、钟山县两安瑶族乡莲花村龙归庵戏台、钟山县公安镇大田村水口灵祠戏台、平桂区黄田镇文武庙戏台等。宗祠戏台和会馆戏台顾名思义是配建于家族宗祠与行业会馆的戏台。宗祠戏台为经济条件优越的大家族所建，一般位于宗祠享堂对面，以敬神明的方式款待祖先，娱乐后人，同时通过观戏教化宗族子弟忠孝信义的做人道理，此类戏台有富川瑶族自治县朝东镇秀水村水楼戏台等。明清时期，随着社会经济的发展，出现由同乡或同业组成的团体组织，其作用为保护利益、协调关系、扩大影响力等，兼具聚会联谊功能，这种组织的建筑体现就是会馆。会馆戏台多建于会馆正殿前方，以便献戏祭祀正殿中供奉的神灵，在酬神的同时，联络同乡情谊，协调本地关系，慰藉异乡游子，促进商贸的发展，此类会馆有平桂区黄田镇湖南会馆戏台等。万年戏台是建于各个乡镇街圩村头的独立戏台，往往是一个村落的活动中心，是当地居民日常娱乐的场所，如钟山县清塘镇英家村戏台。在一些富裕村镇，可能会有多座万年戏台，如富川瑶族自治县朝东镇福溪村，是潇贺古道必经之地，商贸繁荣，一些个人或家族为显示其实力，纷纷慷慨捐建万年戏台，使小小的福溪村曾经拥有20多座戏台，傲视十里八乡。

黄姚宝珠观戏台是黄姚的古建筑珍品，始建于明嘉靖三年（1524年）。民国廿三年（1934年）《昭平县志》记载，宝珠观在明万历年间进行了大修与扩建，作为宝珠观的一部分，宝珠观戏台由此定型，成为黄姚镇内留存的有文字记载的最古老的建筑。宝珠观戏台位于宝珠观东北面，坐东朝西，整体呈凸形，为三面观式戏台，为观众提供了更多的看戏空间。戏台部分为方形，面阔三间，宽8.3米，其中明间宽5米；进深两间，深5.2米。戏台总高8米，台面高1.64米，台口高3.56米，台口宽敞。台基为石质，正面为八块整块的素面石材，不刻纹样，仅在上下端以半圆凹凸线脚装饰。戏台为单层歇山顶，插梁式木构架，台中四根金柱通高到顶，檐柱置于外沿。翼角不设子角梁，仅在挑檐檩上架设生头木，使翼角看上去较为平缓。金柱间平铺木板天花，饰以佛道八宝图案。檐下装饰有精美的木雕封檐板。屋顶覆青瓦，屋面近檐处有一道绿色琉璃瓦剪边。正脊脊饰为博古脊，脊身由博古头、花窗、小品几部分组成，饰以彩色花鸟灰塑。正脊中间设一绿色琉璃宝珠，两侧为黄色琉璃狮子。垂脊采用大式飞带垂脊，垂脊底设一绿色琉璃狮子，戗脊脊端用绿色琉璃鲤鱼装饰。扮演房面阔三间，宽12.3米，进深一间，为硬山砖砌，次间设有小前廊，为演出乐队位置。上下场门门上挂雕饰石榴、寿桃，各写“飞燕”“惊鸿”二字。宝珠观戏台没有像其他戏台那样，在顶棚设藻井以利于唱戏时反射放大声音，但传说在台面木板下的架空层内放置了九口大缸，起到扩音作用，戏台上的唱奏声音能传十里之远。

宝珠观戏台造型古朴，木雕装饰精美，石作饱满有力，具有明代建筑风格，同时整体体现出广府建筑中亭阁样式的意蕴。如此精巧的建筑，其设计建造者为谁？一般来讲，古时匠人地位低微，很少能与古建筑一起留名传世，宝珠观戏台的建造工匠同样也是无名氏。事实上，虽然戏台有广府式建筑的样式，但建造者并非广府匠人，据史料记载戏台为“楚南人”所建。

楚南人是何许人？这里说的楚南人是指湖南省永州市江华瑶族自治县及江永县一带的人。楚南人不仅建造了宝珠观戏台，还建造了附近村镇的多个戏台。为什么由楚南人建造戏台？推断起来，可能与祁剧有关。祁剧，旧称祁阳戏、祁阳班子，源于弋阳腔，是湖南省传统地方戏曲中流行地域最广、历史最悠久的一个剧种，流行于湖南永州、衡阳、郴州、邵阳、怀化、娄底等地区。不少祁剧班社还到外地演出，遍及广西、广东、江西、福建等地。在广西，祁剧促进了桂剧的形成与发展，史料中经常有祁剧与桂剧同台演出的记载。楚南人来自祁剧之乡，具有丰富的戏台建造技艺与经验。这批工匠可能是跟随剧班来到广西，正好黄姚有建造戏台的需求，受黄姚民众邀请建造了戏台。在黄姚周边，有一些楚南人的墓葬，说明部分楚南人已经落脚黄姚谋生，他们可能不仅建造戏台，还参与了黄姚其他建筑的建设。

一般戏台的前后台之间用背屏来分隔，同时背屏也是放置布景的地方。有的背屏装饰精美华丽，如钟山县公安镇大田村水口灵祠戏台的背屏为雕刻精美的木窗扇，裙板绘有双龙戏珠图；钟山县两安瑶族乡莲花村莲花戏台的背屏为镶嵌有仕女抚琴彩画的木屏扇，精雕细凿，为整个戏台的视觉焦点。有的背屏简洁朴素，如宝珠观戏台的背屏，下部为长条木板，上部为木条漏窗。不管背屏是华丽还是简朴，其上端基本都会悬挂一块匾额，匾额的题词对整个戏台极其重要，既是戏台装饰的点睛之笔，亦反映当地民众对戏曲的寄托及对社会生活的期望。钟山县公安镇大田村水口灵祠戏台的背屏匾额上题“于传有之”，出自《孟子》，意思是“史书上记载有此事”，很有学问；富川瑶族自治县富阳古城岳王庙戏台的背屏匾额题词为“气塞苍冥”，出自文天祥的《正气歌》，意思是“浩然之气充满寰宇”，颇具气势；富川瑶族自治县凤溪村神亭戏台的背屏匾额题词为“观古鉴今”，东水村戏台的背屏匾额题词为“闻声于天”。

宝珠观戏台的背屏匾额题词为“可以兴”，字体矫健，有晋唐遗风。从朴实的字面意义看，题词充满着对现实生活的美好祝福。这是清乾隆年间宝珠观戏台重修时，黄姚首屈一指的名人林作楫所题。民国廿三年（1934年）《昭平县志》载：“林作楫，字济川，关区黄姚人，乾隆庚子举人，任安远令，重兴义学，增膏火，赏优等，助士子乡会二试资斧，中间扶善锄奸，惩贪墨禁苛征，绰有政声。”林作楫作为举人，深具学识，所题题词自然不仅是对现实生活的美好祝福那么简单。“可以兴”出自孔子《论语·阳货篇第十七》：“诗，可以兴，可以观，可以群，可以怨。”诗，指《诗经》。“可以兴，可以观，可以群，可以怨”意思是诗歌“可以激发人的情感，可以观察天地万物、人间万象，可以使人们聚集在一起交流感情、和谐共处，可以向上嘲谏而不遭到厌恨”。诗可以兴，演戏为什么也可以兴？

“悲落叶于劲秋，喜柔条于芳春”是人类共情的体现。戏台上剧班演员用情感、生活经历、生命在演出，戏台下观众从自身的人生经历生发丰富的联想以及情感体验，感受世间万物、人事古今，激荡感情，这就是戏曲的社会教化作用。古代社会大部分普通民众没有机会接受文化教育，像黄姚这种偏远之地，断文识字更是集中于少数士绅阶层。戏曲不能传道授业，但曲目中有大量的伦理道德、礼义忠孝的内容。通过筑戏台观大戏，识字不多的民众不但耳目愉悦，心灵也受到洗涤，各种传统人伦美德、历史文化知识得到宣扬与传承，使民众明白做人做事的道理，正是“莫道逢场作戏，多缘劝世成文”。

宝珠观戏台“可以兴”题词的题意非常精妙深刻，格调高出其他戏台。林作楫的高明在于他认识到戏台是戏曲的载体，当戏曲是酬神的祭品时，戏台是祭台；当戏曲娱人时，戏台是宣扬文化的讲堂。为了进一步强调戏台的教化作用，林作楫再题了一联挂于戏台正面的台柱上：“闻其声乐则生矣不妨既竭耳力，观其色人焉廋哉正须继以心思。”联中“乐则生矣”出自《孟子·离娄上》，“乐则生矣，生则恶可已也”；“人焉廋哉”出自《论语·为政篇第二》，子曰：“视其所以，观其所由，察其所安。人焉廋哉？人焉廋哉？”以经典说明听戏观戏，可以悦目、畅耳，同时明心。林作楫的高明与他的学识为人、人生历程有关。林作

“可以兴”匾额

宝珠观戏台的背屏匾额题词为“可以兴”，点明戏台是戏曲的载体，当戏曲是酬神的祭品时，戏台是祭台；当戏曲娱人时，戏台是宣扬人伦美德、历史文化的讲台。

楫少小聪颖，品性恬淡，18 岁补县学生员，24 岁由官府供养于秀峰书院，28 岁中举，51 岁入仕，52 岁出任江西省赣州府安远县知县。任官之前，他在家乡设帐收徒，方正亲和，循循善诱，是时黄姚街樟木乡一带的名士皆出于其门下。正是因为林作楫作为一代名师，有着栽培世人的思想，才能想到戏台也是讲堂，戏曲也可像诗一样可兴、可观、可群、可怨，提升了宝珠观戏台的格局，教育了黄姚一代又一代的普通民众。

每年入冬，黄姚人就要为来年的春节、“三月三”庙会等筹备演出事宜，商定到外地聘请戏班，签约付定，确保如期演出。这时，如果邻村的村民问：

“明年黄姚有戏吗？”

黄姚人会坚决而自豪地回应：

“黄姚有戏！”

黄姚的方言通粤语，粤语中“戏”和“气”同音，“黄姚没戏”等同于“黄姚冇气”，这对黄姚人来讲是很不吉利的话。如果明年没有戏演，就可能被邻村村民嘲笑：“黄姚没戏。”为了明年的兴旺好意头，黄姚一定要有戏。

这样的戏演了一年又一年。

斗转星移，岁月流转。今天的庙会已经不是当年的庙会，今天的宝珠观戏台已经不再是演戏的场所，戏台成了文物，作为广西壮族自治区文物保护单位，被保护起来了。黄姚演出的中心转移到了黄姚戏院，位于黄姚镇金德街南塘边上，是一座当代建筑。黄姚戏院有一部戏《临贺长歌》长年演出，这部戏是根据《隋书·列女传》中的史实演绎的，讲述陈末隋初临贺郡潇贺古道上的岭南酋帅钟士雄维护民族团结、国家统一的忠烈爱国故事。戏院延续着戏台的社会教化作用。

韵乐静止，铅华洗尽，沉寂下来的戏台成为展示历史的文物。或者说，作为黄姚镇有文字记载的最古老的建筑物，戏台是黄姚镇历史发展的见证者。数百年来，黄姚的建筑物或毁于天灾，或泯于人祸，兴衰有时，连巍峨崇高的宝珠观也曾水毁观空，也曾被捣毁夷平，唯戏台岿然独存，演出不断，屹立至今。有言道：戏场小天地，天地大戏场。戏台上承载着一出出悲欢离合，而戏台本身又何尝不是整个黄姚历史大戏中的一分子？

如果戏台能言，它将如何讲述它亲历的黄姚故事？

黄姚有戏 黄姚戏台的戏演了一年又一年。“黄姚有戏”就是黄姚兴旺之意，对黄姚人来讲是吉利的话。

Adam.DONG

这座孤独成长的城

安乐街

北宋皇祐四年（1052年）四月，居住在今广西西南部左右江流域的壮族首领侬智高举兵反宋。侬智高从安德州（今广西靖西市一带）率部众沿右江东下，攻占邕州（今广西南宁市），在此建立“大南国”，自称“仁惠皇帝”，年号“启历”。不久侬智高挥师沿郁江东进，很快就占领了现在广西东部以及广东西部的大片地区，兵临广州城下，围困广州，一时声势浩大，严重冲击了当时朝廷对岭南的统治，朝野震动。

迎秀街

那么，侬智高与黄姚有什么关系？好像没有直接关系。侬智高起事不久就兵败邕州昆仑关，最终客死云南大理，一生的轨迹与黄姚几乎没有交集。对于侬智高的历史评价，至今仍存争议。但如果没有侬智高的起事，可能就没有黄姚，或者说没有黄姚这个名字。

侬智高围困广州近两个月，因战事不利而挥师北上，进攻贺州（今广西贺州市）、昭州（今广西平乐县）。他计划拿下岭南屏障，打通通往湘楚之地的通道而北出，在军事上争取主动。正是此时，北宋朝廷已经从北面调集大军南下平叛，领军元帅是赫赫有名的北宋大将狄青。在侬智高攻占昭州时，狄青大军的先锋部队也越过萌渚岭，从潇贺古道进入贺州，到达了昭州一带。宋军先锋部队的将领是著名的杨家将中的杨文广。在戏文中，杨文广是杨宗保与穆桂英的儿子，为白面银甲小将形象，英勇善战。杨文广率部溯富群江而上，行至荡山县附近。宋代荡山县城位于现在的昭平县樟木林镇义塘寨，管辖着现今的黄姚区域。杨文广见方圆数十里荒无人烟，不知身处何处，便派出士兵打探路线。士兵寻遍当地，才寻得两户人家，一户姓黄，一户姓姚，于是杨文广在军情汇报中把此地称为黄姚。

据说这就是“黄姚”之名的来历。黄姚在历史时空中与侬智高、狄青、杨文广等人发生了关联。

然而，这只是黄姚得名的其中一种说法。关于黄姚名字的来历有多种说法，因为涉及黄姚历史的发端，一直难以说得清楚。

镜头回放，当年杨文广率部溯富群江而上，行至荡山县附近。时值春雨连绵之季，宋军艰难地在泥泞荒野上行进，至三江汇聚之处，询问当地人得知，其一是姚江。只见姚江因雨水冲刷泥土入江，江水黄浊滚滚，如一条狂野咆哮的黄龙奔涌向前。见此情景，杨文广惊叹道：“好一条黄姚！”黄色的姚江，这是黄姚得名的另一种说法。

第三种说法认为，当地是瑶族群众的居住地，这些瑶族群众都姓黄，所以姚江附近的人称他们为“黄瑶”。瑶族群众把农货挑到姚江附近销售，他们的货物被特指来自“黄瑶”，于是“黄瑶”逐渐成为当地地名。明代瑶族群众迁离当地，为了去除歧义，地名用姚江的“姚”代替了“瑶”，改为“黄姚”。

第四种说法是，明代大批汉族移民迁入当地，其中黄、姚两姓人多势众，遂打算以两姓为名命名此地，但是就以“黄姚”还是“姚黄”为名发生了争执。恰逢当时汉族移民与当地瑶族群众发生了严重冲突，忌讳“姚黄”与“瑶王”同音，最终确定取名“黄姚”。

凡此种种，都是民间流传，均不见于史料。黄姚有文字记载的历史仅寥寥数笔，如明《殿粤要纂》，记载其为守城营兵驻地“黄窑营”；清乾隆廿五年（1760年）《昭平县志》记载，明万历元年（1573年）平乱后复设昭平县，明万历四年（1576年）设宁化里“黄姚街”，实际上当时黄姚的居民分散居住于茶山根、大坳寨、刘李寨、西社寨、谭家寨、印堂社等处，并无统一地名；清《昭平县图》上已经有标记商业为主的“黄姚埠”。史料不能说明黄姚名字的来历，地名的成因难以说清，反而使人觉得扑朔迷离，有了很大的想象空间，成为人们一直十分感兴趣的话题。不管名字怎样得来，黄姚已经由不毛之地发展成为“山环水绕，人烟辐辏”，曾经繁华一时的千年古镇。

黄姚古镇发祥于宋开宝年间，形成于明隆庆年间，兴盛于清康乾时期。纵观黄姚的发展，古镇的形成是独特的，也是孤独的。

一般来讲，广西遗存的古城古镇多是明清时期形成的，大部分是战争的产物，它们经历了军事要塞、行政中心、商贸重镇的功能变化。如柳州市鹿寨县中渡古镇，在明代是防御少数民族起事的重要军事据点，设有属于军事系统的巡检司，古镇空间形态具有军事防御的功能特点。中渡古镇的军事功能在清代逐渐弱化，康乾时期因为所依洛江的水运能力，商贸繁盛，成为鹿寨县的经济重镇，素有“四十八弄的明珠”的美誉。桂林市兴安县界首古镇紧邻湘江，位于兴安、全州两个桂北县的交界处，在秦始皇南征时被设为大军的营寨，自此成为历代兵家必争的战略要地。明清时期因其地处南北水陆交通要道，成为南北商品集散地，徐霞客在其游记中称之为“千家之市”。桂林市灵川县大圩古镇面临漓江，始建于隋唐，北宋时已是繁华集市，又称“长安市”“芦田市”，明代设有巡检司以防少数民族起事，清代成为广西四大圩镇之首。当时广西四大圩镇的另外三个为苍梧戎圩、平南大乌圩、桂平江口圩，均为西江流域临江圩镇。

黄姚之地，古属南越。汉元鼎六年（前 111 年），汉武帝平定南越国，使岭南割据地区归于汉朝，置苍梧郡，黄姚地属苍梧郡临贺县。南朝梁普通元年（520 年），梁武帝置静州，统梁寿、静慰二郡，辖龙平、安乐、宁新、博劳、荡山五县，黄姚地属荡山县。隋大业三年（607 年），隋炀帝改州为郡，撤销静州，荡山县部分并入龙平县，黄姚地属龙平县。唐武德四年（621 年），唐高祖复置静州，并设昭州、贺州，黄姚地属昭州龙平县。北宋设广南西路，昭州属广南西路。侬智高的起事使静、昭、贺三州大乱。宋仁宗平定侬智高的起事后，三州动荡归于平静，宋宣和六年（1124 年）将龙平县改名为招平县，意谓招抚平定。因“招”字有歧视之意，后用具有光明、明亮之意的“昭”字代替“招”字，定名为昭平县，仍隶属昭州，这是昭平县得名之始。黄姚地属广南西路昭州昭平县。明洪武十八年（1385 年）将昭平县划分为里管理，黄姚地属平乐府昭平县宁化里。清咸丰十年（1860 年），昭平县划分为十区，以预、备、财、恒、足、关、防、乐、太、平十个字为区名，黄姚地属“关”字区。

黄姚同样经历了从军事要塞到商贸圩镇的功能变化。清乾隆廿五年（1760 年）《昭平县志》载：“小营，在宁化里黄姚埠，明时瑶僮猖獗，千户李道清率官兵扎营于此，至今壁垒尤依稀可见也。”明成化年间，在大藤峡农民起义、府江瑶壮人民起义的影响下，黄姚周边的壮族、瑶族也举兵进行反明斗争，朝廷派遣重兵围剿镇压，平定之后，设黄窑营屯兵驻扎，置巡检司管理。明隆庆年间，黄姚一带社会秩序趋于稳定，移民至此的人越来越多，人口逐渐兴旺，商贸活动由此兴盛起来，黄姚形成了真正的市镇。到清代康乾时期，黄姚因商业繁荣成为方圆百里的商品集散中心。黄姚集市的盛况还成为当时“黄姚八景”之一，名为“黄姚归市”，有诗颂之：“石抱山环水绕渠，翠回路转径通衢。权衡非市如归市，贸易无墟却有墟。”

古代商贸圩镇的形成受到两个重要因素的影响：一是交通条件，二是移民流动。

圩镇的布局与交通体系紧密相连。广西地处五岭以南，与北方中原地区的沟通主要依靠漓江与湘江的连接水道。发达的水系，特别是西江干支流，从西北流向东南，促使沿岸形成经济带，催生了各具特色与功能的圩镇。桂北的大部分圩镇与湘漓水系形成同构状态，桂东、桂东南的古镇与西江水系亦为同构关系。可以说广西的圩镇选址与水系息息相关，大圩、界首、中渡等古镇，无不是因为毗邻大江大河，货物流转通畅，商贸繁忙，逐步形成沿江发展的繁荣集市。

反观黄姚，地处昭平县东北偏远之地，远离当时的政治、经济中心；周围山峦叠起，土地贫瘠，没有大的河流依傍，域内虽有三条小河流穿行，但最大的姚江宽也仅十几米，山间水流落差较大且山洪易发，均不能通航；陆路亦非古代陆路交通的必经之道。黄姚总体闭塞荒芜，并不具备商贸圩镇发展的内部条件和外部条件，在不具备条件的情况下，为何能够发展成一个繁华圩镇？这是个令人费解的问题。

宋人周去非在《岭外代答》中记载：“自秦世有五岭之说，皆指山名之，考之乃入岭之途五耳，非必山也。自福建之汀，入广东之循梅，一也；自江西之南安，入大庾、入南雄，二也；自湖南之郴入连，三也；自道入广西之贺，四也；自全入

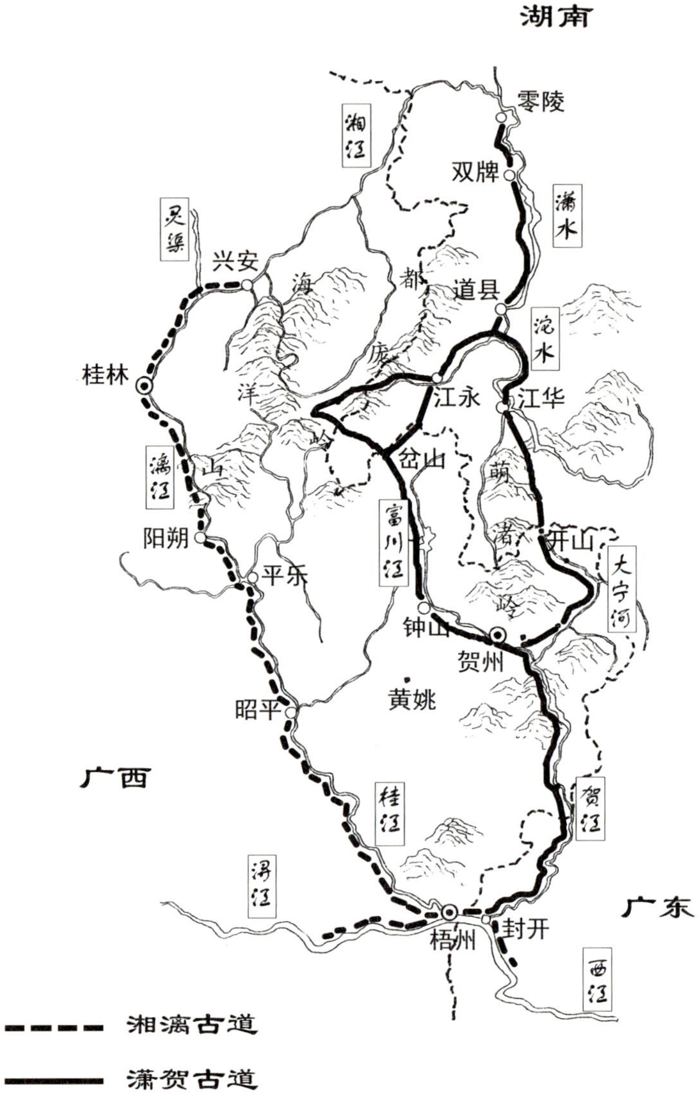

潇贺古道与湘漓古道

岭南沟通中原有五条路，其中有两条是连接广西的，自道县入广西之贺州即潇贺古道，自兴安入桂林即湘漓古道。真正与黄姚商贸发展有关系的交通要道是湘漓古道。

静江，五也。”岭南沟通中原的五条路中有两条是连接广西的，自道县入广西之贺州即潇贺古道，自兴安入桂林即湘漓古道。潇贺古道自湖南陆路到达贺州后，沿贺江经信都、铺门到广东的封开，进入西江，南下连接广州与南海。潇贺古道的开通使贺州地区的经济文化得到前所未有的发展，但其路径远离黄姚，其实对黄姚并无多大影响。

真正与黄姚商贸发展有关系的交通要道是湘漓古道。湘漓古道是因灵渠河道狭窄，经常失修堵塞而开辟的陆路通道，其到达桂林后沿漓江往南到阳朔，经桂江到平乐、昭平，在梧州进入西江，为宋代之后的黄金通道。桂江因流经平乐府、梧州府，故又称府江，在昭平境内有 100 多公里，纵贯南北全境。昭平地当冲要，成为“广右咽喉”。明人俞安期《舟行自桂林至昭州杂述六首》诗曰：“岸岸人趁圩，滩滩鱼入市。”描绘了昭平桂江沿岸经济的繁荣。俗话说“昭平不平，蒙山不山”，黄姚属于昭平地域，同样不平，黄姚盆地周围是起伏的群山，对外交通的山路崎岖艰险。如黄姚至县城的古道，要先攀爬离黄姚约 5 公里处如直立陡坡般的百步梯，后翻越离黄姚约 15 公里处曲折盘旋的大风坳，大有“蜀道难，难于上青天”之感。黄姚并不在府江之畔，周边有山峦阻隔，如何与府江相联系呢?

黄姚人采用了一种独特的方式：挑夫。

与其他很多圩镇只是转口贸易不同，黄姚本地出产极具盛名的商品，如豆豉、黄精、青梅等。对外贸易时，黄姚商家多请挑夫将黄姚所产的豆豉、黄精等商品往外挑，向西挑到县城昭平，或者向南挑至府江之畔的沙子、马江等村镇，通过府江水运，沿江北上运到桂柳、湘楚等地，南下运到梧州、广东，近代甚至运到香港、东南亚等地销售，然后又从这些地方收购日常用品、生产原料等，运回黄姚圩市上售卖。在清代至民国的商业鼎盛时期，日常往来于黄姚与昭平和黄姚与沙子、马江等地的挑夫多达数百人，这些挑夫翻山越岭，形成规模庞大的流动运力，突破了黄姚与府江之间的天然屏障，实现了内外的沟通联系，极大地促进了黄姚的商贸发展。商贸的发展吸引了更多移民进入黄姚，在黄姚繁衍生息、经商贸易，逐渐造就了一个繁荣的商贸古镇。

挑夫 黄姚并不在府江之畔，周边有山峦阻隔，如何让商品流通？商家多请挑夫将黄姚所产的豆豉、黄精等商品往外挑，挑到县城昭平或者沙子、马江等江畔村镇，通过府江运到外地销售，然后又从这些地方收购日常用品、生产原料等运回黄姚销售，实现商品流通。

移民是影响商贸圩镇发展的另一个重要因素。中国南方村镇的形成大多与民族迁徙有密切关系，如皖南、赣北、浙南等新安江流域的古镇群落，是由两宋以来南迁的北方大族进入而建设起来的。广西的圩镇，包括黄姚，其发展同样深受移民的影响，这里说的移民主要指汉族移民。明代以前，除了少量因政治原因如谪迁、避祸等进入广西而留下的人及戍边守备的军户，广西的汉族人口很少。府江两岸和黄姚最早的居民是壮族和瑶族，传说最早为陶、何、区三姓。林作楫在其著作中介绍黄姚时说："民僮杂处，僮为土著。"

到了明清时期，广西因自然条件恶劣，地多人少，开发远远滞后于中原地区，朝廷出台条件优厚的垦荒政策，吸引周边人多地少省份的民众进入广西垦荒和经商，形成集中、大规模的汉族移民潮。明清时期的汉族移民主要为经济移民，是指进入广西从事农、工、商及其他经济活动的自主性移民。从北边进入广西的主要是湖南、江西的移民，广泛分布于桂柳各县，掌控这些地区的经济命脉。广东商品经济发达，与商业意识薄弱的广西进行商品贸易时"什一而出，什九而归"，获利甚厚，促使许多广东人进入广西，在桂东、桂东南及桂南形成核心区，贸易范围几乎涵盖整个广西，形成"无东不成市"的格局。为寻求生存的立足地，福建、广东、江西等地的客家人也辗转进入广西，聚集于桂东南、桂东、桂中地区，形成其独特封闭的文化生态，并以其先进的农耕技术、经商能力、文化水平影响了周围地区。

黄姚的移民主体基本上来自广东。乾隆廿五年（1760 年）《昭平县志》载："宁化里民僮杂处，僮为土著，余皆来自粤东。"明代，华南东部的福建、广东等地人口数量急剧膨胀，人多地少的现象引发了尖锐的土地纠纷，族群之间的械斗不断，迫使大量的汉族民众由东向西迁徙至人口相对稀少的广西山区，特别是两广交界的地方。这个时期，先后有黄、姚、蒙、袭、邹、伍、孟、邓、陈、刘等姓的汉族移居而至，黄姚掀起建设的高潮，民居、桥梁、公共建筑等相继建成，商业圩镇的空间形态基本具备，遗存至今的明代建筑如宝珠观及戏台、兴宁庙、带龙桥以及数量众多的民居是其中的建筑精品。能够建造如此规模及功能的建筑，特别是戏台这种大型豪华公共娱乐设施，说明当时黄姚的汉族移民已具备一定的规模，而且具有了相当的经济实力。这个时期黄姚的汉族移民与当地的世居民族相融合，形成了一个新的群体，他们在贺州的分布范围相当广泛，包括今天的八步区、平桂区、昭平东北部等区域，为了有别于清代的新移民和客家人，他们被称为“本地人”。

广西地形复杂多变，除了高山，还广泛分布着低山丘陵，且广西有大面积的喀斯特地貌，能耕作的土地十分有限。明代广西汉族人口剧增，与当地少数民族形成“汉族住街头，壮族住水头，瑶族住箐头，苗族住山头”的格局。昭平地区府江两岸、黄姚盆地可谓“八山一水一分田”，汉族移民进入后，不可避免地与原来的壮族、瑶族居民发生冲突，导致府江少数民族不断起义反抗，社会动荡不安。明代朝廷对府江流域、黄姚盆地的少数民族采取抚、剿结合的手段，对被招抚并投靠官府的许以土司之职及领地，故府江又被称为抚江；与官府对抗的，则成为史料中的“贼、寇”，被残酷的镇压。

起义此起彼伏，终明一代，从未间断，黄姚民众深受其苦，日常生活常处于极大的恐慌与不安之中。初时黄姚“无城郭藩篱之限”，黄姚人遭遇兵乱与盗抢时只能扶老携幼外出避祸，或者上天塘山山顶躲藏，情况十分凶险，财产损失惨重。为了自身的安全，他们逐渐在圩镇外围建设了寨墙和门楼，加强防御措施，由被动防御变为主动防御。黄姚民众还产生了“李道清信仰”，并在黄姚街上建祠祭拜。民国廿三年（1934年）《昭平县志》载：“安乐寺，在黄姚街中，顺治年间建，先是瑶僮猖獗，千户李道清等率官兵讨平之，遂立此祠，故名安乐。”黄姚人期望安居乐业，连安乐寺所在的街道也被命名为安乐街。

明末清初，黄姚迎来新一轮移民潮。这次移民的原因有两类：一是明末因战乱避祸而从广东迁徙至此，二是清初因经营商贸而从广东移居此地。古、莫、梁、郭、林、劳、吴、程、叶、周、谢、韦、贝、蔡、詹等各姓陆续西迁进入黄姚，他们与“本地人”

寨墙与门楼

初时黄姚没有城郭藩篱防护，黄姚人遭遇兵乱与盗抢时只能扶老携幼外出避祸。为了自身的安全，他们逐渐在圩镇外围建设了寨墙和门楼，加强防御措施，由被动防御变为主动防御。

黄姚基本没有十字相交的街巷

最终组成黄姚这个有三十七个姓氏的客居圩镇，其中有九个姓氏形成了宗族体系，具备祠堂和族谱。因古、莫、梁、郭、林、劳六姓宗族人口数量较多，逐步成为黄姚的六大姓。

古氏宗族是黄姚人口最多的宗族，人数占比达到黄姚总人数的五分之一强。古氏的郡望（宗族发源地）在河南新安一带，供奉的始祖是周太王亶父。二十五世凤信公于清顺治年间从广东鹤山县（今鹤山市）古劳村迁入黄姚街西社寨三甲地开基。古氏宗族祖上以经营土地租赁、开设烟铺为业，家底殷实。

莫氏宗族是黄姚人口第二多的宗族，源于河北钜鹿（今巨鹿）一带，供奉的始祖是黄帝之孙颛顼。莫氏定绥公于清顺治年间从广东封开县迁入黄姚街定居。莫氏为财力雄厚的商贾，以经营大米为业，拥有自家的大型米仓。

梁氏宗族的郡望为甘肃安定一带，供奉的始祖是伯益，即嬴姓始祖，子孙得封于夏阳（今陕西韩城市）梁山一带，故其后裔姓梁。清康熙年间，梁氏广益、

经过多年的经营，黄姚成为一座壁垒森严的城堡，护佑着黄姚人的日常生息及商业的繁荣

广豪和广璧三人由广东鹤山县古劳村迁徙至黄姚街，成为黄姚梁氏开基始祖。梁氏良田广亩，为富足的地主。

郭氏宗族源自山西汾阳，其始祖是匡扶唐朝的名将郭子仪。郭氏佐廷公于清顺治年间由广东高明县（今高明区）迁至黄姚街东门楼内的龙舌寨。郭氏宗族以经营珠宝、酿酒、售卖杂货为主，为殷实的商贾之家。

林氏宗族的郡望为河北安平，供奉的始祖是商朝的太师比干。林氏天佐公于清顺治年间从广东南海县（今南海区）迁入黄姚街。林氏宗族财富的积累源于经营客栈、酒肆，经营的杂货铺也较有名气。

劳氏宗族源于山东崂山的渤海之滨，供奉的始祖是西汉时的南越王赵佗之子森罕。劳氏先祖于清雍正、乾隆年间从广东鹤山县古劳村迁入黄姚街。

以上的族谱记载显示出一个信息：多数宗族来自广东鹤山、高明、南海等相互邻近的地域，有的甚至来自同一个村，如古氏、劳氏两姓的祖上传说是表兄弟，都来自古劳村。相近的移民来处，使黄姚居民拥有相似的语言、信仰及生活方式。粤东移民逐步改变了黄姚原有的土客结构，产生了“客家占地主”这句黄姚民谚。

更多移民的进入，再次掀起了黄姚的建设高潮。最早进行建设的是古氏，他们开发了山根上寨，位于隔江山与兴宁河之间的区域。随后莫氏开发了山根下寨，位于隔江山与姚江之间的区域，上寨与下寨相连，位于兴宁庙一左一右，统称为山根寨。古、莫两姓在山根寨铺路建商铺，诞生了黄姚最古老的商业街，铺设的青石板路是黄姚最古老的石板路，俗称老街。随着古、莫两姓及劳姓人口的持续增长，为了扩大居住场所，人们跨过兴宁河到北岸，沿姚江西北岸铺设了一条街道，即鲤鱼街。为了加强联系，人们在兴宁庙前跨兴宁河建了一座石拱桥，即护龙桥，使山根寨与鲤鱼街成为一个整体。鲤鱼街建成后，商铺开门纳客，成为黄姚新的商业街。黄姚声名鹊起，奠定了其发展为方圆百里商贸集散中心的基础。由于黄姚浓厚的龙崇拜思想，习惯把江河视为龙，人们便把依山傍水的老街、鲤鱼街统称为龙畔街。随着经济发展，各宗族人口兴盛，财力逐渐雄厚，为了彰显宗族实力，凝聚人心，泽被后代，各宗族开始择地建设宗祠。古氏宗族于清康熙四十七年（1708 年）在山根上寨龙畔街建设了古氏凤信公祠，堂号“新安”，供奉二十五世凤信公。莫氏宗族在山根下寨龙畔街建设了莫氏仙山公祠，堂号“钜鹿”。各宗族的族人围绕宗祠居住生活，形成相对固定的姓氏居住区域。

鲤鱼街建成后，商业大获成功，成为黄姚的黄金地带，刺激和推动了安乐街的建设。安乐街以“丁”字形连接鲤鱼街中段，以永安门相隔。劳氏族人在安乐街两旁拥有大部分的住房，特别是中段、劳家巷及寺观巷内几乎都为劳姓人家。劳氏宗族在劳家巷建设了劳氏宗祠，堂号为“松阳”。

因为姚江几乎年年发洪水，所以水畔的鲤鱼街几乎年年被淹。最严重的一次是在清嘉庆年间，一场“百年来仅见”的洪水淹没黄姚，桥垮屋损，鲤鱼街房屋悉数被摧毁。鲤鱼街的商业只好转移，往后移到了地势更高的安乐街，安乐街由此代替鲤鱼街成为黄姚的商业中心。

数十年后，连接安乐街的金德街建成，之后又修建了与金德街相连的杨巷、大贵巷。据说金德街得名是因为街上新起房屋的一户古姓人家金榜题名，考中了武举人。金德街不长，但有三四个转弯，住有周、阮、杨、聂、麦、古、莫、

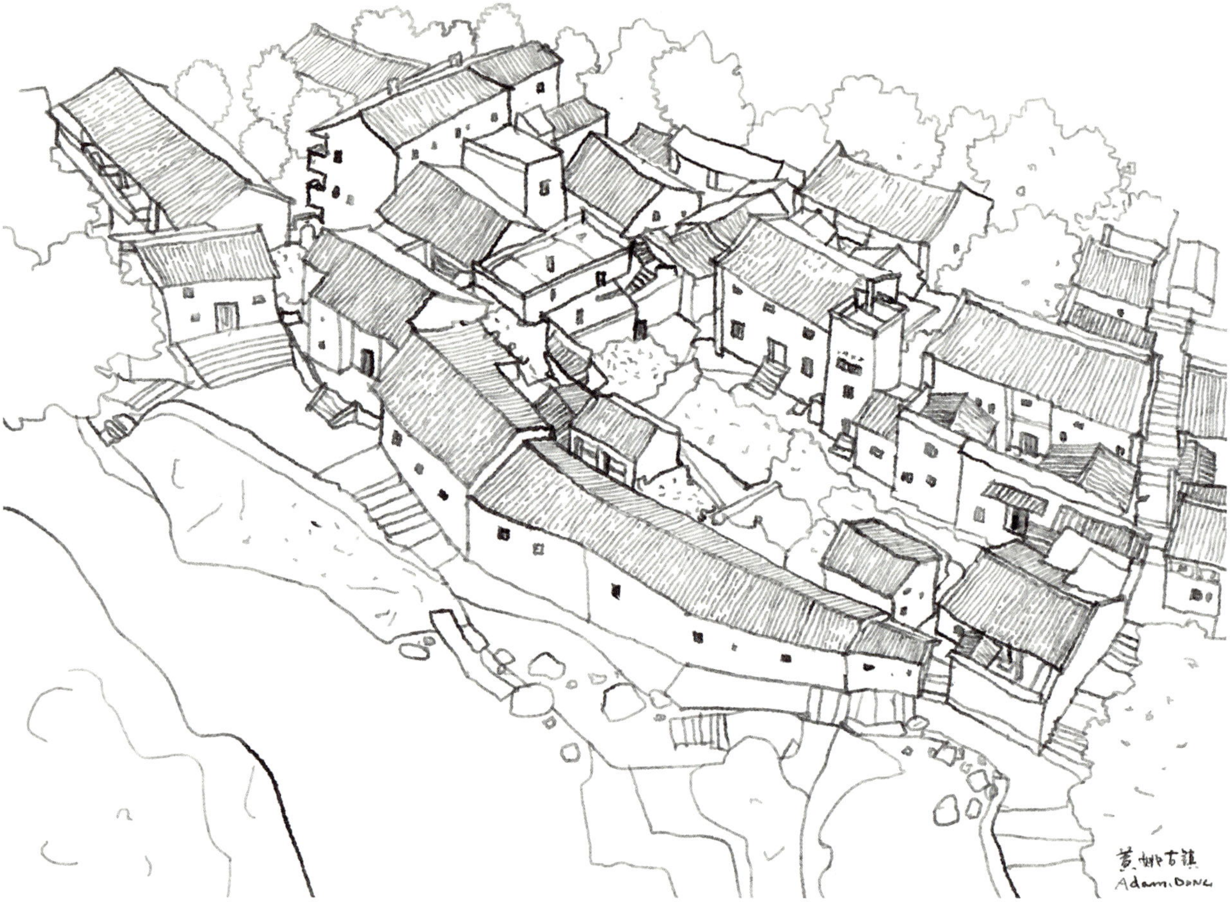

山根寨

明清时期，移民掀起了黄姚的建设高潮。最早进行建设的是古氏与莫氏两姓，他们开发了山根寨。

老街 较早的古、莫两姓移民在黄姚山根寨铺路建商铺，诞生了黄姚最古老的商业街，这里镶铺了黄姚最古老的石板路，俗称老街。由于黄姚浓厚的龙崇拜思想，习惯把江河视为龙，人们便把依山傍水的老街、鲤鱼街统称为龙畔街。

黝黑光亮的石板街

古老的石板路上走过一代又一代的黄姚人

劳、吴九姓人家，故又称为“九姓街”。大贵巷则是因为巷中有两户人家考得举人，贵气逼人，所以得名。杨巷是金德街上一条通往北面宝珠溪的小巷，为黄姚最窄的石板街，巷子最宽不足 2 米。巷中原来住着杨、林、古三姓人家，杨姓最早建了新房，故而小巷取名为杨巷，实际上林姓才是杨巷的主人，大量的林氏族人居住于杨巷，因而黄姚民谚有“杨巷十里不出林”之说。林氏宗祠位于杨巷北端，靠近三星楼，建于清道光年间，堂号为“西河”。多年后，杨巷中不再有杨姓人家居住，人们渐渐地把杨巷叫作“羊巷”，因为它作为街道实在太窄了，刚够羊通过而已。

金德街向西延伸，原来的西社寨三甲地开发成了迎秀街。这里是古氏宗族的先祖开基之地，自然以古姓人家居多。迎秀街是黄姚最宽敞的街道，主道呈现弧形，最宽处有 5 米多，铺设的青石板也是黄姚最精良齐整的，房屋高大宽广，

安乐街

由于江畔的鲤鱼街经常被水淹没，商铺往后移到了地势更高的安乐街，安乐街由此代替鲤鱼街成为黄姚的商业中心。

大贵巷

巷子出过举人，得名“大贵”。

安乐—金德

安乐街与金德街连接处有台阶，以前设置有闸门。
黄姚人认为安乐街地势高，风水更好。

劳氏宗祠

黄姚各宗族的族人围绕宗祠居住生活，形成相对固定的姓氏居住区域。例如劳氏宗祠位于劳家巷，劳氏族人围绕劳氏宗祠居住。

劳家巷

劳家巷、安乐街中段及寺观巷内几乎都是劳姓人家。

气势巍峨，站在街上可以越过屋檐看到真武山山体，与其他街道仄窄的感觉完全不同。传说当年迎秀街刚建成时，有人考中秀才从昭平县城回来，由西门楼进入黄姚时经过此街，其由此得名。

天然街连接迎秀街之西向，是郭氏宗族的聚居地。黄姚民谚："梁家田、劳家谷、麦家银、郭家屋。"意思是黄姚的房屋数郭家的最为富丽堂皇。在天然街连片的郭家房屋中，以精美大气的郭家大院为代表，一砖一瓦都是经过精心打磨的。郭氏宗祠位于郭家大院南面，面临南塘，堂号"汾阳"。天然街的尽头为天然门，门外的河流上，有几大块石灰岩被流水溶蚀成拱桥洞，宛如一座天然生成的石桥，故名"天然桥"，河水洞出，成为黄姚八景之一的"天然风光"。所谓天然街、天然门、天然亭的名字均因此而得。

由永安门开始，至天然门，安乐街、金德街、迎秀街、天然街形成了黄姚近 500 米长的商业主街。按照黄姚人龙崇拜的思想，水流动的江河是龙，人流涌动的街道也是龙。这条自东向西的商业主街是龙身，街道蜿蜒如龙身腾云摆动，主街两边向南北方向分出的巷道则是龙的须爪。这些"须爪"街巷都是

迎秀街

迎秀街，顾名思义为"迎接秀才的街道"，是黄姚最宽敞的街道，青石板精良齐整，房屋高大宽广，是黄姚街道的代表。

郭师傅私房菜
古记私房菜
内置空
豆豉焖鸡
紫苏酸梅鱼
豆豉蒸排骨
豆腐酿
香芋扣肉
Adam. DONG 2020
黄姚古镇

Adam.DONG 2020.9

郭家屋

郭氏宗族聚居在天然街的连片区域，其房屋精心打造，在黄姚最为富丽堂皇。

以“丁”字形相接，基本没有十字相交的，形成黄姚街巷九曲十八弯的形态。这种“丁”字形街巷交叉口设置的目的，一是防卫需要，不熟悉路况的人进入街巷如进入迷宫，容易迷失方向，极具防御效果；二是风水禁忌，建筑周边出现“十”字交叉口一般会被认为“凶”， 交叉口要尽量避免出现“十”字。

除了龙畔街、商业主街这两处，黄姚第三处建筑集中的区域为中兴街。梁氏先祖迁入黄姚后，在真武山下的云根庄开基建街。同时，莫氏族人亦于此建房。云根庄其地背靠真武山，姚江围绕，依山傍水。中兴街建成后，在中段向姚江边设了个新兴门。梁氏族人的房屋集中于新兴门以北部分，直至中兴街北端头的余庆一门。梁氏宗族在余庆一门内建设了梁氏宗祠，

商业主街

由永安门开始，至天然门，为黄姚近500米长的商业主街，包括安乐街、金德街、迎秀街、天然街等。

黄姚古镇
Adam.DONG 2021.2

丁字街道

黄姚街巷形态九曲十八弯，多以“丁”字形相接，基本没有十字相交的。采用此种设置的目的，一是防卫需要，二是风水禁忌：一般认为十字交叉口为“凶”，要尽量避免。

Adam DONG

.9 黄姚古镇

堂号“安定”。中兴街南段为莫姓人家所住，向南延伸连接刘李寨，街道直通东门楼。清乾隆廿三年（1758 年），姚江上最大的石拱桥——带龙桥建成。带龙桥始建于明万历年间，屡建屡被洪水冲毁，至清乾隆年间方成。此次所建坚固科学，成为通途留存至今，难能可贵。带龙桥位于中兴街新兴门外，跨越姚江，连接鲤鱼街。黄姚三处分隔的区域完全连成了整体，古镇的规模至此成型，占地约 3.6 平方公里，真正成为昭平县内独一无二的商业圩镇。

黄姚有民谚：“千街万街不如黄姚街。”民谚里面提到的“街”，既是指黄姚繁华的商业街，也是指让黄姚人引以为豪的石板街。黄姚的街巷总长 3000 多米，均铺设青石板为路面。厚厚的青石板黝黑光洁，平整有序，尺寸宽大，大块的有 1 米多见方，在当时属于投入巨大的豪华装修，充分反映了黄姚的富足。黄姚的商业规模不是一日建成的，石板街也不是一蹴而

独一无二的圩镇

龙畔街、商业主街、中兴街三处分隔的区域在清乾隆年间完全连成了整体，古镇的规模至此成型。

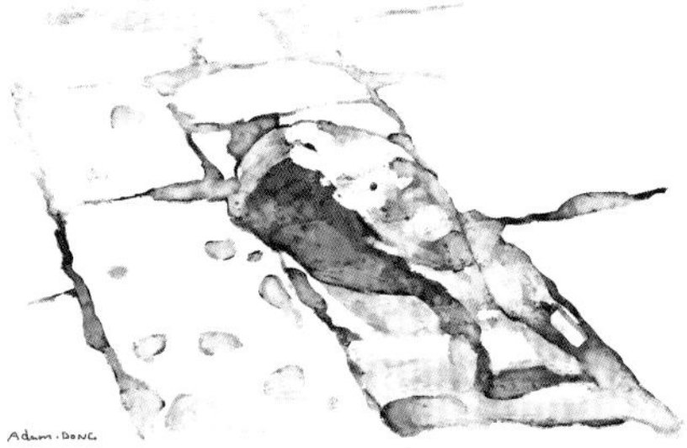

就的。老街，即龙畔街的青石板历史最久，距今已有 300 多年，岁月已经深深刻入了青石板的凹痕里。而后莫氏族人铺设了中兴街南段通往东门楼的石板街。随着鲤鱼街、安乐街、金德街、天然街、中兴街的陆续建设，各大宗族不甘落后地在街道铺上了青石板，石板街越铺越长，8 条石板主街互相连接在一起，逐渐形成现在的街巷格局。同时，石板路延伸到了街外，从东门楼到文明阁、从守望楼到水口祠、从接龙门到盘古寨、从三星楼到锡巩桥……虽然不是满铺青石板，但仍然是当时高等级的石路。

鲤鱼街的来历与青石板的铺设有关。鲤鱼街建街时，街道中间有一块生根石，顶端高于地面，还没来得及削平，石板已经铺到了这个地方。独具匠心的石匠没有将石头突出路面的部分一平了之，而是顺其自然，将生根石的顶部雕成一条长约两

石鲤鱼

“盘道石鱼”是黄姚八景之一。工匠的匠心与文人的诗情画意成就了这个独特景致。（左一）

石板街

石板街是黄姚的灵魂，是黄姚的面子，是黄姚富足的充分体现。（左二）

尺的石鲤鱼，并在其周围铺上青石板，使石鲤鱼露出地面 3 寸左右，活灵活现，栩栩如生。清代黄姚人莫义甫诗曰：“一溪绿水绕青峰，石鲤天生踞路冲。羡尔成形堪不朽，何须翘尾化为龙。”颇具灵性的石鲤鱼虽然当街而卧，却从未绊过人脚，被人们称为“盘道石鱼”，成为黄姚八景之一，鲤鱼街也因此而得名。

青石板来自黄姚周边的石山，石匠们开山采石运回镇上，然后精心打磨成豆腐块般方正平整的青石板，不用任何黏合物，以精准的尺寸紧密地镶铺于街巷。黄姚镇内西南部的塘基头原来是座小石山，据传修建金德街、迎秀街、天然街的民居与街道的石材均取自这座小山，经过多年的挖取，小山被挖成了石窝。这个黄姚仅有的小盆地聚水成塘，正巧是黄姚的“朱雀”位，犹如一个安财蓄宝的“聚宝盆”，成为黄姚的风水宝地，人们把池塘叫作塘基头，即现在的南塘。

没有青石板街的黄姚是没有灵魂的，有了青石板街，黄姚就有了精气神。青石板街为黄姚人提供了坚定踏实的行走感觉，也为黄姚人在外地客商面前挣足了面子。黄姚人赋予了青石板街美丽的传说，也给了它一个趋于无限大的吉祥数字——黄姚人说：“青石板街的石板数量为九万九千九百九十九块，不信您数一数。”如今，当如织的游客徜徉在饱经沧桑但仍然光亮细腻的石板街时，不仅能感受到脚下浸润了数百年的灵气，而且会收到黄姚人的一份感激：“感谢您的步履对石板街的打磨，石板街的光亮有您的一份功劳。”

伴随着黄姚商业街崛起的，是必不可少的防御设施。明清时期，连年社会动荡、兵连祸结，深受其苦的黄姚人对市镇的防御功能极端重视。“地辟郊关仍设备，太平鱼鸟亦忘饥”“永作中流砥柱，安康盛世机关”“永怀乐土人归市，安不忘危夜闭关”等留存于门楼关口的楹联，反映了黄姚人对安乐太平的渴望及对防御设施的依赖。经过多年的经营，黄姚成了一座壁垒森严的城堡，护佑着黄姚人的日常生息及商业的繁荣。总的来讲，黄姚的防御设施由外而内共有四层。第一层是外城墙,结合黄姚天然的地形,如山体、河流等屏障，把整个黄姚完全合围在内，形成对外第一道防御系统；第二层是龙畔街、商业街、中兴街等居住集中区域，各自有独立的围护及门楼防御系统；第三层是居住集中区域内的主要街道，各有闸门，形成街道的防御系统；街道上各个民居建筑本身自带的防护措施，则构成防御系统的第四层。

黄姚外城墙为片石垒砌，高 3 ～ 5 米，宽 2 ～ 3 米。西门楼是通往昭平县道路的门户所在，算是黄姚的正门。城墙从西门楼往西南和东北两侧展开延伸，形成宽阔的城镇正面形象。从西门楼往西南约 250 米，城墙折向南边约 250 米，连接天然门。城墙再从天然门往南，延伸到兴宁河河边，兴宁河成为黄姚南面的一段屏障，直到隔江山西面山脚。在兴宁河与隔江山西面山脚之间设置城墙和南门楼，使隔江山加入对外防御系统，然后在隔江山东面山脚与姚江之间设置城墙和守望楼门楼，姚江成为黄姚东面的一段屏障，把整个龙畔街围在内部。在姚江对岸，城墙向北延伸到东门楼，再从东门楼延伸至真武山南面山脚，真武山也成为对外防御系统的一部分。再往北，余庆一门门楼和城墙把真武山北面山脚与姚江东岸连接成为黄姚东北面的屏障。姚江西岸岸边城墙连接到“亦孔之固”门楼，然后沿小珠江南岸岸边向西延伸，接上三星门，从三星门向西南延伸连上西门楼，由此将黄姚合围成为一座城堡。总结起来，黄姚第一层防御系统是这样的走向：西门楼—城墙—天然门—城墙—兴宁河—城墙—南门楼—城墙—隔江山—城墙—守望楼—姚江—城墙—东门楼—真武山—余庆一门门楼—城墙—姚江—城墙—“亦孔之固”门楼—城墙—三星门—城墙—西门楼，充分利用了山体、河流的天险。西门楼、天然门、南门楼、守望楼、东门楼、余庆一门门楼、“亦孔之固”门楼、三星门为黄姚的出入通道，亦为对外防御之重要门关，均为石基厚墙的两层门楼，楼下为门洞通道，有栅栏和门扇，楼上为

“守望”二字体现黄姚人友善淳朴的民风

永安门连接鲤鱼街与安乐街

守更站岗，设置瞭望孔和射击枪眼，守备森严，正如“亦孔之固”门楼的名字所说：“一孔之门，一夫当关，万夫莫开。”黄姚门楼中防御功能最完善的为东门楼，建于清初，位于中兴街东端，正向远望叠螺山与文明峡，砖木石结构，硬山瓦顶，高约7米，宽约5米，底层全部为大块青石料砌筑，中间设门洞，上层为青砖砌筑，正面设圆形瞭望孔。门楼墙身分布有细长的长方形孔洞，外窄内宽，是防御时的射击枪眼。门楼挺拔屹立，两侧为垒石城墙，一边延伸到真武山山脚，一边延伸到姚江江岸，极具气势，不愧为黄姚雄关。

黄姚的几个集中居住区域是各自发展起来的，在黄姚第一层防御系统没有成形之前，这些集中居住区域是直接对外的，不得不建设独立的防御设施。龙畔街由东面守望楼及城墙、西面南门楼及城墙结合隔江山、姚江、兴宁河为围护。商业街区域东、南、北面主要由姚江、兴宁河、小珠江三条河流为天堑，在西面没有河流相护的区域建造门楼和城墙。中兴街区域由东面的东门楼及城墙、中段的新兴门、南面的余庆一门及城墙结合真武山、姚江为围护。当黄姚第一层防御系统形成，把各个集中居住区域合围为一体时，各集中居住区域原来的防御设施便成为黄姚整个防御系统的第二层。

黄姚集中居住区域内的街道建设是没有整体规划的，是在朴实的自然观、浓烈的宗族观、居住的需求、商贸的需要等因素的推动下自然

“亦孔之固”门楼

“亦孔之固”门楼名字的寓意是“一孔之门，一夫当关，万夫莫开”。

东门楼

东门楼是黄姚保存最完好的门楼，其外联“川达三江直绕遇珠海姚溪雄吞西域，楼成五凤特耸出螺峰文峡关键东门”体现黄姚人的豪迈气概。

生长而成的。每条新建造的街道，位置都处于黄姚街的外围，不得不建设闸门来防护，就这样后一段街道接前一段街道的闸门，不断延伸。安乐街建造时在两端建设了永安门和安乐门；金德街接上安乐门往西建造，尽头建造了金德门来防护；因为迎秀街有多条街巷连接，所以有太平门、福庆门、大新门、锡巩门等闸门；天然街自太平门延伸，街的端头建造天然门。九曲十八弯的街道和街道间的闸门，构成了黄姚防御系统的第三层。

黄姚民居特别注重防御性，房屋高大坚固，墙厚门实，应用了各种防护措施。以郭家大院为例，其防护措施独具一格，充分反映黄姚民居为抵御外侵竭尽所能。如郭家大院为两进的宅院，主要出入口设于院落的院墙中间，仅上覆防雨披檐，颇为朴实。高大的石基青砖院墙仅开了 1 个门口，没有其他开口，封闭性极强。门口门洞大约高 2 米，宽 1 米，上为木横梁，两边为条石门框，地面为石门槛。木横梁上开有 5 个圆洞，对应的地面石门槛上有 5 个方形凹洞，这是外木栅栏的位置。木栅栏的方木插入上下洞中后，拨动隐藏在横梁中的暗销，把方木固定锁死，形成第一重对外防护措施。木栅栏之后是 1 寸多厚的实木板门扇，是第二重防护措施。关上门扇，紧贴门扇后有 3 根并列的方木立在木横梁与地面石踏板之间，以防止门扇遭受外部冲击时打开，这是第三重防护措施。为了防止盗贼在院墙挖洞侵入，紧贴院墙墙体内侧安装了一排粗圆的木立柱，门两边也各竖了 7 根，为第四

民居门户安装了独特的防护方木栅

隐藏在横梁中的暗销，拨动后能把插入凹洞的防护木栅固定锁死

郭家大院防护措施

郭家大院门口门洞外设木栅栏，木栅栏的方木插入上下洞中后，拨动隐藏在横梁中的暗销，可以把方木固定锁死。木栅栏之后是 1 寸多厚的实木板门扇，关上门扇，紧贴门扇后有 3 根并列的方木立在木横梁与地面石踏板之间，以防止门扇遭受外部冲击时打开。门口两边紧贴院墙墙体内侧各竖了 7 根粗圆的木立柱，防止盗贼在院墙挖洞侵入。

重防护措施。进入大门后是偏院，从偏院进入中间院落，要经过圆拱门。圆拱门内设有门板和门扇，竖上门板、关上门扇后，再横杠一条方木在左右两边的插槽中，把门板、门扇闸住，外面是打不开的，为第五重防护措施。主屋的入口大门是厚重坚实的实木板门，窗户位置高、开口小，窗棂是简单粗壮的棒槌形圆木，是第六重防护措施。重重的防护，使郭家大院固若金汤。

数百年来，以经商为业的黄姚人积累了大量财富，因此黄姚时常成为兵、匪攻击的目标。完备的防御系统让黄姚避免了许多兵祸匪害，成为“最是斯民怀乐土，愿听击壤太平墟”，推动促进了商贸的繁荣。上天把黄姚遗落于资源贫乏的偏远山区，但历史选择了黄姚作为方圆百里的商品集散地，在条件恶劣的外部环境中倔强地成长为富甲一方的圩镇，“景胜冠南州”。昭平县府江两岸边上的任何一个市镇，条件都比黄姚好上许多，但能够保持繁华延续至今的，在昭平县域内独黄姚一个。如果黄姚是一座城，这是一座孤独的城。

对于黄姚来讲，世人无法讲清它名字的来历无伤大雅，黄姚依然是黄姚。假如杨文广今天到黄姚，或许会把此地命名为“古莫”。如今黄姚虽然也有黄氏宗祠，但黄姓人家仅有寥寥数家；而姚姓人家，早已是杳无踪迹。当年的黄姓、姚姓的传奇已是烟消云散，可谓：黄姚仍在，“黄、姚”不再。

太平墟

数百年来，以经商为业的黄姚人积累了大量财富，把资源贫乏的偏远之地发展成为富甲一方的圩镇，成为『最是斯民怀乐土，愿听击壤太平墟』。

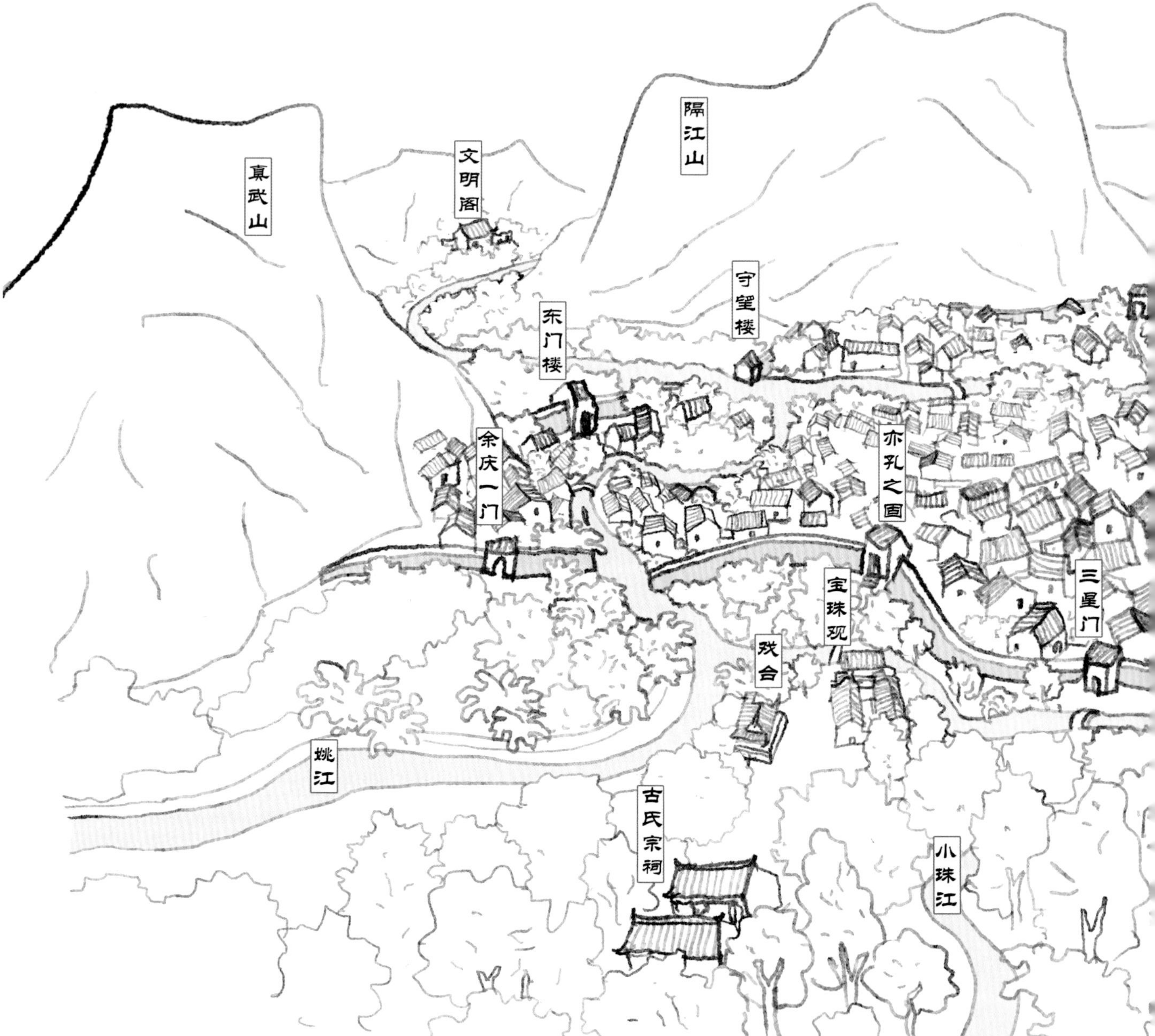
真武山
文明阁
隔江山
守望楼
东门楼
余庆一门
亦孔之固
三星门
宝珠观
戏台
姚江
古氏宗祠
小珠江

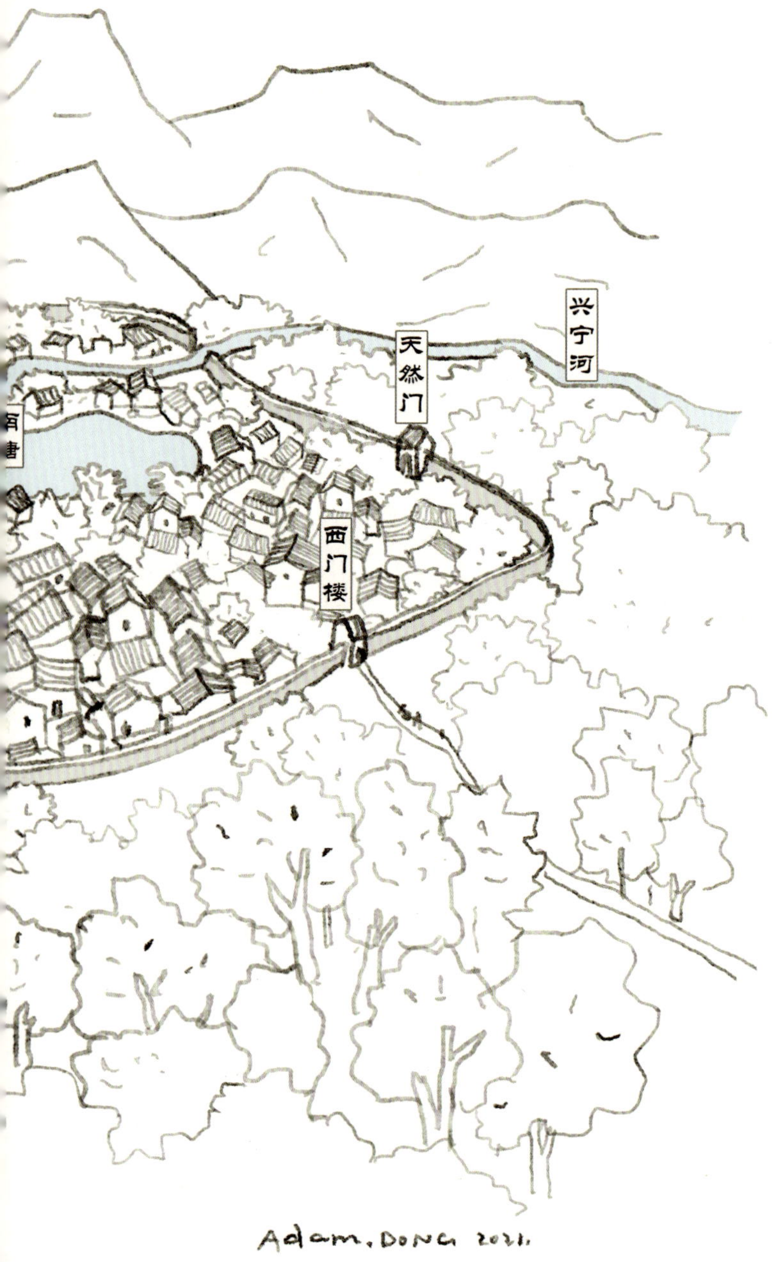

古黄姚全景图

黄姚是一座孤独的城。

黄姚印象
Adam.DONG 2021.2

桃花源里的山水烟火

“林尽水源，便得一山，山有小口，仿佛若有光。便舍船，从口入。初极狭，才通人。复行数十步，豁然开朗。土地平旷，屋舍俨然，有良田美池桑竹之属。阡陌交通，鸡犬相闻。其中往来种作，男女衣着，悉如外人。黄发垂髫，并怡然自乐。”这是陶渊明《桃花源记》中描述的世外桃源，那里的人生活单纯美好，没有盗匪战乱，而外人要到达此地，要找到并通过那个神秘的洞口。

“我是大风坳那边的。”以前黄姚人到昭平县城，被人问到是哪里人时，常常这样回答。

古代黄姚和昭平县城之间只有一条道路。这条必由之路从昭平县城往东延伸三四十公里地，在西坪乡开始翻越连绵起伏的接米岭，接米岭的最高峰叫大风坳，爬过大风坳下到凤立村，再走一二十公里地，才能到达黄姚。存于黄姚宝珠观的《道光乙巳年兴修接米岭并鞍西□大路碑》中记载：“龙平，岩邑也。所属地方多崇山峻岭，其最险而尤著者，莫过于土名接米岭，在邑之东南方，离城百里有奇。其岭绵亘数十里，深谷高崖，羊肠鸟道，车不得方轨，马不能纵驰。纵杖策优游，犹刻刻凛临深履之虞，而况其为负荷往返者，且地当孔道，为凝、文、招、见龙二伍各都里赴邑郡、趋省城必由之路。……”民国廿三年（1934年）《昭平县志》载：“接米岭离县治百余里，高数千仞，皆羊肠鸟道，其尤险者曰马头，曰石硖，陡峭壁立径路几绝。瑶壮凭为渊薮，岭后文化、宁化、招贤诸里赴县输租水陆迂回途远数倍。”大风坳因为很难翻越，所以成为一个标志，黄姚人也就成了“大风坳那边的人”。

千年古镇

"千年古镇无双景，十里长街又一亭。"

从另一层意义上来讲，大风坳不正是《桃花源记》中的那个洞口吗？翻越了大风坳，就能进入黄姚这个桃花源。撩开神秘的面纱，黄姚羞涩而清秀的面孔展现于世人面前。古镇三条清溪环绕，四面青山环抱，古榕、香樟遮天蔽日，景色清幽宜人。在这山水相伴间，石板街巷蜿蜒曲折，明清时期的宅院、庙观、楼阁错落有致，建筑上的楹联匾额浸润了浓厚的人文气息。云烟氤氲中，朴实的黄姚人日出而作、日落而息。如此情景，不正是世人共同向往的桃花源吗？

“千年古镇无双景，十里长街又一亭。”一千年后的今天，在昭平，在贺州，甚至在整个广西，很难再找到一座古镇像黄姚这样。当你徜徉在石板街上时，能真实地触及如此完整的由青山绿水、鸡豕田园、街巷水道、家宅祠堂、寺观社楼等组成的生活聚落，感受到古老绵长而鲜活的生活气息。世人所知的江南水乡古镇，精致华丽，代表着东方传统的主流生活方式，正如明代苏州文人文震亨在《长物志》中表露对家园的愿望：“居山水间者为上，村居次之，郊居又次之。吾侪纵不能栖岩止谷，追绮园之踪，而混迹尘世，要须门庭雅洁，室庐清靓，亭台具旷士之怀，斋阁有幽人之致。又当种佳木怪箨，陈金石图书，令居之者忘老，寓之者忘归，游之者忘倦。”而黄姚质朴天然的审美情趣，人与自然完美结合，多么符合文震亨所求的“山水间者为上”的梦境家园。当代有人这样写道：“黄姚如同一本千年的诗集，被人遗忘在图书馆僻静的书架上，当人们不经意地走过，翻开这美丽的诗篇，古朴而优雅的格调立即征服了人的心。”

黄姚的美丽诗篇，既是大自然的恩赐，又是黄姚人的杰作，概括起来为：三水十山七岩洞，一台二阁十六门，八街五亭十一祠堂，一观九祠三庙宇，七楼七井十一桥，六社七榕十二古樟，还有豆豉黄精春茶青梅酒，楹联匾额壁画柚子灯。

卖豆豉

豆豉飘香黄姚街。

晒青梅

古镇处处晒青梅。

黄姚人就生活在这美妙的山水间。

现在，我们看到黄姚人“晨兴理荒秽，带月荷锄归”，古镇内一派田园风光，安静闲适，而在八十年前，黄姚人基本上以经商为生，较少务农。黄姚是方圆百里内唯一的集贸圩镇，每逢圩日，附近乡村的人会来黄姚赶圩，进行商品贸易，商业街人头攒动、喧嚣热闹。黄姚有八条主要街道，清中叶之后，形成了以安乐街—金德街—迎秀街—天然街为主的商业街，街道两旁是鳞次栉比的临街铺面。

黄姚临街建筑为商住一体的民居，采用一至二进院落式，一般有两到三层楼，面阔小，进深大，有狭小的天井，这是古代岭南汉族街道的典型传统民居形式。小开间，大进深，适应寸土寸金的商业街道，整体狭窄如竹筒。每户开间约为 3 ～ 5 米，个别大户人家有 2 ～ 3 个开间宽，高度 5 ～ 7 米，硬山搁檩式砖木结构。第一进建筑临街，一层既为正堂，又为铺面，二层为阁楼，作为住处或者库房；第二进建筑供人居住。两进之间为狭小天井，通过拔风作用，疏散室内气流，适应桂东闷热的气候。商业区与住宅区的混合，使街道空间活动十分活跃，提升了整个古镇的活力。

在黄姚，一座临街建筑立面的标准照是这样的：建筑两侧山墙直接落地，正面一、二层外立面砖墙后退山墙约三尺，屋檐略出山墙端，在建筑前形成一个檐廊，为临街开放灰空间。这个灰空间是黄姚街的公共空间向室内空间过渡的部分，使街道边界不再僵硬，为人们的户外活动提供避雨遮阳的条件，可摆放货架做买卖，亦可在收市后成为黄姚人茶余饭后聊家常的场所。正面砖墙设一门一侧窗或一门左右两侧窗，一般居中布置，设置整块青石料的门枕石和门槛，门上悬挂商号招牌及幌子。白天铺面经营买卖时，打开大门门板和侧窗窗板，展示商品及招揽顾客。晚上收市，铺面关闭大门，但买卖照样可以做，交易通过大门旁边的侧窗进行。侧窗有个专门的名字叫“埠窗”，埠窗窗板上开有个直径不及一尺的圆洞，当埠窗插上窗板，圆洞是货物传递的通道。埠窗外有砖砌石台面的柜台，白天摆放货品，晚上方便通过埠窗内外交易。为了防御偷盗和抢掠，铺面大门和埠窗外设有闸门，配置粗大的木栅条。黄姚这种闸门与岭南汉族民居的趟栊门不同，趟栊门设于门内，可以左右拉动开合，既可防御盗贼又可作为日常通风排热口；黄姚的闸门设于门外，通过装配固定于上下过梁孔洞，是无法移动的，主要用于防御盗匪，所以平时木栅条是不安装的。二层为阁楼，仅在正立面正中开一个二至三尺见方的方窗，作为通风气窗。屋檐的檩条搁在两侧山墙上，为了盖住山墙端部，屋檐外挑，山墙端部以叠涩的方式出挑，形成墀头来支撑出檐的檩条。房屋外观装饰简洁朴素，青砖黛瓦，屋脊多为灰梗压瓦，仅以大门上的墙楣彩画和山墙墀头灰塑来彰显主人的趣味。如果商铺主人是同一个家族的，依照亲疏远近，相邻两个建筑之间可能会共用山墙，否则山墙分开，各自建设。

黄姚商铺建筑除了标准照的样式，还有其他各种样式。有的商铺二层外挑阳台，阳台外沿平齐山墙，木作栏杆或者栏板，使二层的生活空间开阔起来，如安乐街 74 号、104 号，金德街 25 号，中兴街 47 号，等等。安乐街 1 号的苏悦泰兴商号、安乐街 49 号等还在二层阳台装上雕画窗板，把二层内部空间延伸到

街道空间

黄姚临街建筑檐廊下形成一个公共空间，人们可以在这里避雨遮阳，商家可以摆放货架做买卖，收市后又可成为黄姚人茶余饭后聊家常的场所。

Adam.DONG
2020.10.

典型的黄姚临街建筑整体俯视

商住一体的民居，采用一至二进院落式，一般为两到三层，面阔小，进深大，有狭小的天井，整体狭窄如竹筒。

街铺立面

黄姚临街商铺建筑代表性立面。

埠窗

埠窗是大门旁边的侧窗，方便铺面晚上收市关闭大门后照样做买卖。

墀头

屋檐的檩条搁在两侧山墙上，为了盖住山墙端部，屋檐外挑，山墙端部以叠涩的方式出挑，形成墀头来支撑出檐的檩条。

民居外观

黄姚建筑外观装饰简洁朴素，青砖黛瓦，屋脊多为灰梗压瓦，仅以大门上的墙楣彩画和山墙墀头灰塑来彰显主人的趣味。

苏悦泰兴商号

有的商铺二层外挑阳台，阳台外沿平齐山墙，木作栏杆或者栏板使二层的生活空间开阔起来。苏悦泰兴商号在二层阳台装上雕画窗板，把铺面装饰得富丽堂皇，同时把二层内部空间延伸到了街边。（左）

撑栱

黄姚民居建筑外立面一种具有装饰性的木构件，以莲花斗形式居多，栱身雕刻或绘有卷草纹，具有浓郁的岭南风格。（右）

了街边。有的商铺面阔三间，如安乐街 56 ~ 60 号，中兴街 43 ~ 47 号、53 ~ 57 号，等等，中间没有山墙落地，外挑屋檐檐檩的承重由挑枋配合撑栱来完成。木质挑枋插入墙体，端头安放檐檩，挑枋下方用撑栱支撑，从结构上减少挑枋与墙体相交的剪力。黄姚民居建筑外立面具有装饰性的木构件不多，撑栱是其中一种，以莲花斗形式居多，栱身雕刻或绘有卷草纹，具有浓郁的岭南风格。

黄姚商业街临街建筑一间连着一间，与街道走向有机结合，屋面和屋脊高低错落，各个临街建筑的立面共同组成了“山墙—铺面—山墙—铺面—山墙”的视觉元素，有韵律地相互交替，特别是在阳光下，凹入的檐廊产生了强烈明暗对比的光影效果，使得整体临街建筑的立面呈现出强烈的序列感和节奏感，极富观赏性与趣味性。

远离商业街的黄姚民居则是另一番景象。“檐临翠盖户通幽，烟火家家四畔讴”是林作楫在诗文中对黄姚民居的描写，可知民居环境幽雅，周围绿树成荫。因为不在商业街附近，普通民居用地宽裕不少，可以在面阔与进深方面施展拳脚。中国古代封建制度等级森严，明代对普通百姓的民居做了明确规定：“庶民庐舍……不过三间，五架，不许用斗拱，饰彩色。”这里的“间”指“开间”，两个柱子之间为一间，用于房屋的宽度计量，间数越多，房屋的面阔越大，这是最能体现房屋等级和气势的。“架”是指房屋的进深，架数越多，房屋越深。黄姚虽然“天高皇帝远”，但严格遵守朝廷的住宅形制，又或是因为经济实力原因，现存的明清建筑基本上没有超过“三间”的形制。

街道光影效果

黄姚商业街建筑的檐廊产生了明暗对比的光影效果，整体临街建筑的立面呈现出强烈的序列感和节奏感，极富观赏性与趣味性。

Adam Dong 2020.

黄姚本地人与后来的粤东人、客家人融合后，民居建筑形制受到广府建筑文化、建筑技术及样式的影响，广府民居“三间两廊”的样式成为黄姚民居平面布局的基本模式。黄姚人聚族而居又注重独门独户，建筑规模多不大。三合天井布局一般由一明两暗的三间堂构成的堂屋、左右厢房、天井及靠天井一侧的围护墙体组成，入口开于厢房或天井一侧的围护墙；四合天井布局一般由一明两暗的三间堂构成的门楼和堂屋、左右厢房及天井组成，功能简单实用。建筑外立面简洁朴素，主要有两种形式：凹斗式、平门式。凹斗式是门楼明间向内凹进，在主入口处形成檐下入口空间，不设立柱，犹如门斗；平门式为门楼明间主入口没有凹进，与次间墙面平齐，入口上前檐挑出或搭配门罩，以防风雨。三开间的门楼明间为通道，两侧次间为房间。通上二楼的通道是明间二层楼板开的一个1米见方的方孔，架设木梯爬上去。如果门楼宽大，明间二层开孔较大，在孔周围立木栏杆，形成独特的跑马廊，如迎秀街4号的麦咏宗宅。

民居中对尊卑长幼的居住房间位置是有严格规定的，需遵循礼法。合院的布局往往会出现“明屋暗室”，即堂屋宽敞明亮而厢房狭小阴暗。长辈居住的房间为上房，一般是方位最尊、地势最高、朝向最好的房间；儿孙则住偏房，体现“父母尤天地”的礼制思想。在所

民居内部狭窄的天井中，充满生机与活力

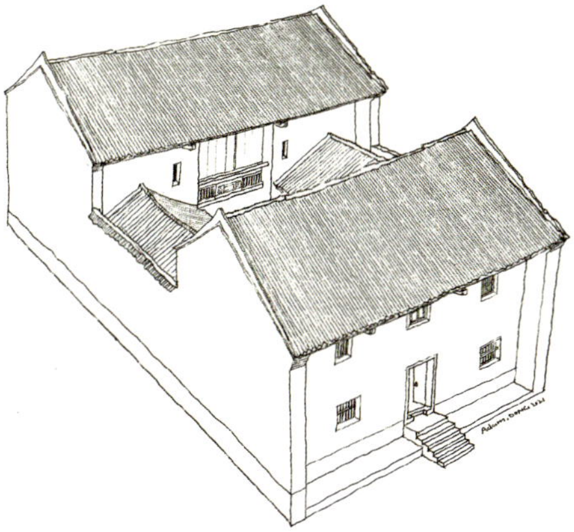

“三间两廊”民居（三合天井布局）俯视

一般由一明两暗的三间堂构成的堂屋、左右厢房、天井及靠天井一侧的围护墙体组成，入口开于厢房或天井一侧的围护墙。（左上）

“三间两廊”民居（四合天井布局）俯视

一般由一明两暗的三间堂构成的门楼和堂屋、左右厢房及天井组成，功能简单实用。（左下）

跑马廊

黄姚的大户人家为了追求高大空间，把部分二层楼板做成中空，并在周围立木栏杆，形成了独特的跑马廊。（右）

有黄姚民居中，最重要的空间是堂厅，即堂屋明间的空间，这是祭祀空间和会客空间，亦为家庭的聚会场所。堂厅一般在靠近后墙的位置，由木质隔断将空间分为前后两跨。这个木质隔断在江南大宅中称为“太师壁”，平时张挂字画，节日悬挂祖容。黄姚民居的隔断装饰独具特点：中间部位镶嵌一座雕刻精美的神龛，供奉祖先牌位；神龛之下，设置四方案桌与太师椅，两侧墙壁前也设置椅几，供人们入座，同时体现长幼宾主的礼教秩序。隔断两侧设木门，连通前后。后一跨为交通空间，连接两侧次间的房间，这些房间一般是主人房。如有二层，则于后跨空间设置一部单跑楼梯，通向二层房间。堂屋后部一般封闭，意为积蓄祖先灵气而不外泄。有的设有一个隐秘的小后门，通往后巷或其他宅院，是逃避匪乱时的紧急出口。

天井是汉族传统建筑的重要组成部分，也是黄姚民居的必要元素。黄姚的天井相对于北方院落来讲显得狭小而细长，但作用巨大。天井是四面房屋合围的室外空间，居于整个民居的中心。民居建筑对外是封闭的，而对天井是开放的，门楼后跨的雕花屏门和堂屋前檐下的木雕窗扇都朝向天井。日常生活会在天井周围展开，人们在天井弄花养鱼，洗刷晾晒，炊烟有时也会从天井袅袅升起，使天井富有公共性和内聚性。那一方天空，可使人们白天看飞鸟，晚上数繁星，晴享风和日暄，雨赏四水归堂。从功能上来讲，天井有采光、遮阳、排水等功能，还有拔风通气，调节微气候等作用，以适应黄姚湿热的气候。

黄姚没有像江南古镇“庭院深深深几许，云窗雾阁春迟”般的深宅大院，但有司马第、郎官第、郭家大院等大宅，代表黄姚民居曾经的荣光与辉煌。司马第始建于清初，位于隔江山下山根寨，现古镇龙畔街10号，背靠仙山，前临姚江，远眺群山，环境清幽典雅。其左有兴宁庙护佑，右有莫氏仙山祠倚靠，大门上悬挂一块匾额，上书“司马第”，颇具气势，体现主人的度量。司马第主人莫氏的先祖莫鼎原为高明县人氏，于明末清初至桂东经商，因爱黄姚的秀美山川，便迁来定居。几经徙居，最后选择山根寨的缓坡作为地基建宅，并将一块“司马第”牌匾悬于新居门上。这块牌匾是莫鼎原特意在高明家乡按莫氏老宅悬挂的“司马第”牌匾，让工匠精心复制的。相传莫氏六世祖在东汉初年有功于汉光武帝刘秀，官封司马，

天井

天井富有公共性和内聚性，黄姚人的日常生活会在天井周围展开，同时天井有采光、遮阳、排水等功能，还能调节微气候以适应黄姚湿热的气候。

民居的窗

黄姚民居采光通风的窗洞较小，多数在小方窗上装饰砖瓦披檐，以粗大木窗条作为防护装置。

获赐宅第门额悬挂“司马第”匾额。后人承袭祖荫，匾额一直悬于宅第。后因战乱，莫氏由中原辗转向南迁居，直至定居于广东高明，“司马第”匾额一直被悉心保护，悬于所居宅第之上。明崇祯十年（1637 年），当莫鼎原决定择黄姚而居，举家离开高明迁往黄姚时，一定是依依不舍的。为了感念祖德，激励后人，莫鼎原复制了高明老宅门上的“司马第”匾额并带到了黄姚，悬于新建的宅第之上，让黄姚今天有了这座约 400 年历史的司马第的存在。

司马第面临龙畔街，坐南朝北，坐落于料石砌筑的高台上，地台依地势逐级升高。由龙畔街上七级台阶，来到第一个平台，由此再上三级台阶，才到入口平台，总共比龙畔街高了两米，形成“门楼高峙山色连”的气势。司马第总平面为四合天井布局，由第一进门楼、第二进堂屋及天井两侧厢房组成。门楼为两层的三开间青砖砌筑建筑，硬山搁檩木构架，高约 6.5 米，为凹斗式门楼。入口大门设于明间，为高大木板门，木料门框；石制门槛设为两级，门前预留装置防盗抢木栅条的孔洞；“司马第”匾额悬于大门之上。次间开设小方窗，方窗上装饰砖瓦披檐。二层三个开间均开设小方窗，粗大的棒槌形木窗条引人注目。二层明间靠外檐墙的位置设有一条单独牵枋，既起到对墙体

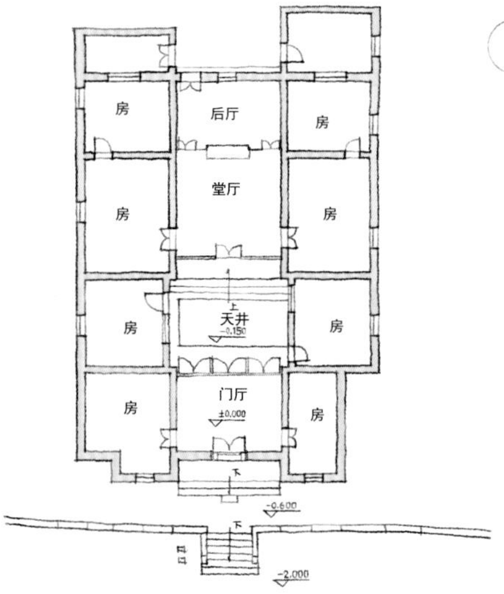

司马第平面图

司马第剖面图（局部）

司马第

历经百年沧桑的司马第，辉煌不再，容颜已改，但风骨犹存，气势依然。

司马第平面图、剖面图

的拉结作用，又是挂灯笼的地方，俗称“灯梁”，是岭南广府民居融合客家民居特色后产生的构件，有“举头三尺有神灵”的寓意。在过去一年中，有儿子出生的人家，要按例于正月十五在祖堂的灯梁上挂上两盏灯，寓意“添丁（灯）”。门楼明间为通道，两侧设门通向次间的房间，后部设屏门与天井相连，顶上二层楼板设有一个方形孔洞，架梯可上二层。二层朝向天井挑出走廊，房间为隔扇门窗。走廊上面的屋檐外挑，以挑枋配合莲花斗撑栱以支撑荷载。门楼整体朴素封闭，主要装饰檐口和墙楣。明间檐口饰以雕刻精细的木封檐板，用来保护檩条、挑枋等木构件不受雨水腐蚀，这在黄姚民居中较为少见，因为黄姚建筑中檐口有封檐板的一般是庙观或宗祠。墙楣均描绘精美典雅的彩画，以书卷、花草及吉祥动物为题材，色彩鲜艳，技法精湛。明间墙楣的彩画中间是一幅公鸡牡丹花下吃虫图，题为“富贵功名”，两边彩画题材为人物山水，体现了家族耕读持家的愿望。门前石台阶两旁为整块青石镶嵌的栏板与抱鼓石，栏板外侧各有浮雕一幅，一为“双凤朝阳”，一为“二龙戏珠”，风格简洁中蕴含精细。台阶旁立着一对夹石，是立功名旗杆的础石，说明司马第莫家后人曾经获得过功名，家族竖旗杆以光耀门楣。

司马第的封檐板、墙楣彩画、灯梁

司马第的装饰融合了岭南广府民居和客家民居的特色，在整体朴实中点缀精细的石雕木雕或彩画，给大片的暗灰色调增添一抹亮色。（上）

抱鼓石

金德街 24 号宅门前的抱鼓石，显示了当年主人在黄姚德高望重的地位。（下左）

司马第的台阶栏板、抱鼓石、夹石

雕花栏板、抱鼓石、夹石等同时设置，是富贵与功名的集中展示。（下右）

司馬第
Adam.DONG 2021

Adam.DONG 2021

有的民居二层阳台装了雕画窗板，把二层内部空间延伸到了街边

跨过狭窄的天井，便是司马第的第二进堂屋。堂屋地面比门楼高出 0.4 米，须从天井再上三级台阶。堂屋高 7.9 米，为两层的三开间青砖砌筑建筑，硬山搁檩木构架，进深较深，达到 9 米多。建筑明间上下两层，面向天井敞开，以木格扇门窗分隔，门扇安装位置向内后退，使天井与堂厅之前有了一个过渡空间。与门楼一样，明间同样设置了灯梁。

堂屋明间为堂厅，左右次间各为两个房间。堂厅后部用木隔断隔成前后两部分，隔断中间部位镶嵌一座方形木神龛，雕刻着精美的吉祥图案，祖先牌位供奉于神龛内。神龛前的空间是莫家的祭祀场所，香火长年不断，烟熏火燎使得神龛黝黑暗淡，

苏悦泰兴斑驳的招牌隐约透露出当年的辉煌，这份辉煌由当代新商家继承下来

显得神秘而历史悠久。到得祭祀之日，案桌摆上祭品与香火，打开所有的门扇，让远方而来的灵气越过青山、越过姚江、越过龙畔街进入大门，通过天井进入堂厅，与聚集于堂厅的人们在升腾的香火烟气中相逢。

郎官第位于中兴街 15 号，为梁氏家族宅第，规模与布局基本上与司马第相仿，为四合天井布局，由第一进门楼、第二进堂屋及天井两侧厢房组成。不同的是郎官第门楼是三开间平门式，明间没有向内凹进形成门斗。门楼为两层青砖砌筑建筑，硬山搁檩木构架，前檐以挑枋配合莲花斗撑栱为支撑，檐下封以精美木雕封檐板，墙楣描绘彩画。入口大门设于明间，左右侧间对外封闭，仅开了小方窗，防护森

郭家大院

郭家大院院落左右两个圆洞门的布局，消减了房屋的压抑封闭感，使郭家大院的建筑文化品位跃升为黄姚之首。

郭家大院坐落于黄姚繁华市井中，位置颇有讲究

严。郎官第的闻名，主要是因其保留有一块圣旨牌匾，民间称“圣旨府”。这块圣旨牌匾是清代光绪皇帝所赐，为表彰梁氏先祖梁都的父母的事迹，赐封其父为修职佐郎，赐封其母为八品孺人。民国廿三年（1934 年）《昭平县志》载：“梁都，字洛邑，关区黄姚街人，由附生以军功保举署迁江县训导。”梁都之父梁朝鼎承祖医学，济救乡民，著作医书《荆山医理》，并创办私塾，教授学生，深受乡民爱戴；其母古氏是黄姚世家闺秀，善良性淑，经常协助丈夫救济贫困求医者。梁都二十岁考取贡生，秉承父志，一直在黄姚设馆授学，行医问药。直到清光绪元年（1875 年），梁都四十七岁时，朝廷任命其为广西迁江县（今广西来宾市）儒学正训导。清光绪五年（1879 年），鉴于梁都廉洁奉公、政声远播，

朝廷下旨褒奖梁都父母教育有方。光绪皇帝的敕书原用满汉两种文字写于绫罗之上，梁家接旨后奉若神品，把圣旨刻于铁力木所制匾额，并用龙纹雕饰周边，悬挂于厅堂之上，以光耀门庭。圣旨文曰：“奉天承运，皇帝制曰：任使需才称职，志在官之美；驰驱奏效报功，膺锡类之仁。尔梁朝鼎乃广西迁江县训导梁都之父，雅尚素风，长迎善气，弓冶克勤，于庭训箕裘，丕裕夫家声，兹以覃恩，貤赠尔为修职佐郎，锡之敕命，於戏！肇显扬之盛事，国典非私，酬燕翼之深情，臣心弥励。制曰：奉职无愆，懋著勤劳之绩；致身有自，宜酬鞠育之恩。尔古氏乃广西迁江县训导梁都之母，淑范宜家，令仪昌后，早相夫而教子，俾移孝以作忠，兹以覃恩，貤赠尔为八品孺人，於戏！贲象服之端严，诞膺钜典；锡龙章之涣汗，允播徽音。广西迁江县训导。光绪五年闰三月初三日。梁都之父母。”修职佐郎、八品孺人等称号是一种政治待遇，是朝廷对考核优秀的州县官员的家人的册封，以示嘉奖，并无实职官阶，但来自皇帝的赞语让梁家声名鹊起，闻名四乡，梁都成为黄姚的骄傲，被后世敬仰。悬挂圣旨牌匾的郎官第如今成了黄姚的传奇。

郭家大院位于天然街郭氏民居当中，因其祖先来自山西汾阳，故又称为“汾阳第”，为黄姚郭氏七世祖郭敬璋所建。郭家大院与司马第、郎官第的规模格局差不多，亦为三间两廊四合天井式平面布局。其被称为“黄姚最美宅第”，是因为有着与其他宅第不同之处。郭家大院坐落于黄姚繁华市井，位置颇有讲究，南面正门朝向景色宜人的南塘，北面之门通过一段巷道到达天然街，出入于繁华与幽静之间。郭家大院主体轴线坐西朝东，分为上堂屋和下堂屋，南北布置两廊，两边及端部有部分横屋和倒座。南北两个出入口，设置于两廊，也就是说郭家大院不设门楼，且出入口不在主轴线上，进入大门后以天井为中心，向左或向右可到达上下堂屋，而不是一进一进地按次序，这是与其他大宅不同处之一。两侧廊开圆形门洞，如江南园林景墙上的月洞门，形成深邃通透的视觉效果，这在黄姚是独一无二的风景，并被赋予了特殊含义：左右圆门分别叫太阳门和月亮门，代表阴阳。太阳门由 62 块青砖砌筑，月亮门由 61 块青砖砌筑，数量上阳大于阴，并采用 60 整数出头，寓意出人头地。

在建筑学上，郭家大院与黄姚其他宅第最大的不同之处在木构架方面。黄姚民居的木构架一般是搁檩式，郭家大院下堂屋的明间采用了驮墩抬梁式木构架，是中原的抬梁式木构架与岭南建筑融合的形式，建筑等级比搁檩式要高，反映出郭氏家族当时财力上的雄厚。郭家大院的青砖及板瓦要比其他民居的大，研磨精细，砌筑接缝严密，房屋高大，不愧有“郭家屋”的美誉。

黄姚的民居建筑以“经世致用”为指导思想来建设，反映出黄姚人务实的商品经济思维。同时，生活于“桃花源”中的黄姚人与自然环境相处融洽，民居建设以一种低调的姿态成长、发展。江南水乡古镇因为湖汊细碎，用地紧张，房屋建造往往形成与水争地的态势，外墙几乎直接贴着河岸，有的甚至向河中落柱

民居建筑

黄姚的民居建筑以“经世致用”为指导思想来建设，反映出黄姚人务实的商品经济思维。同时，黄姚人与自然环境相处融洽，民居建设以一种低调的姿态成长、发展。（左）

水边民居布局

出于防汛原因，黄姚的房屋通常顺应地势，选择于离河流稍远一点的，地势略高的岸坡上建造，以分散布局，融于山水。（右）

建成吊脚。黄姚的民居建筑则选择绕水而居。因为没有舟楫往来，又要防范汛期河水上涨浸泡，黄姚的房屋通常顺应地势，选择于离河流稍远一点的，地势略高的岸坡上建造，以分散布局，融入山水，而不是临水而建。

交错穿越的河流与分散布局的民居之间的互联交通，离不开桥梁。这里的桥梁同样体现了黄姚建筑的顺天应时、因地制宜。黄姚镇内共有大大小小15座桥梁，它们不仅是承载生活步履和商旅车辙的建筑物，也是古镇文化景观的标志；既是风水节点，也是道路分界之处。河流与桥梁相结合时的虚实交错尽显黄姚“小桥流水人家”之美。黄姚的桥梁各具特色，形式多样，几乎一一对应了中国古代桥梁的样式，如石拱桥有带龙桥、三星桥、佐龙桥、护龙桥等，平板桥有枕漱桥，汀步桥有石跳桥，现代敞肩桥有索龙桥，天生桥有天然桥等。

带龙桥是黄姚古镇的形象代表，2016年荣登中国邮政发行的邮票《中国古镇（二）》，大放异彩。带龙桥位于黄姚中兴街新兴门外，横跨姚江，是连接中兴街居住区和鲤鱼街、安乐街等商业区的重要枢纽。桥名“带龙”，寓意把姚江的龙气带入黄姚，兴旺街市，造福百姓。桥始建于明代万历年间，屡次被洪水冲垮，屡垮屡建，现存桥梁为清乾隆廿三年（1758年）重修。桥长22米，宽3米，是黄姚镇最大的一座古桥。带龙桥为双拱石拱桥，青条石砌筑，两侧无栏板，造型朴实。其大小两个拱，体态轻盈，起伏生动：大拱跨于主河道石槽之上，离水面3米多高；小拱建于西岸岩石之上，地势较高，桥下怪石嶙峋，桥拱高2米多，日常并无流水，为旱桥。大小拱的设计是在数百年屡垮屡建的过程中得出的经验，考虑了汛期的洪水流量对桥梁的冲击，通过两拱来增加泄洪能力。同时，桥拱条石间用特制的两头大、中间小的燕尾型铸铁块连接加固，使桥梁成为一个牢固的整体，以抵抗洪水的冲击，当地人把这块铸铁叫“猪腰铁”。这种连接加固方式古人叫“燕尾榫卯法”，一般是把石板铺好后凿出燕尾形状的凹卯槽，然后浇注熔化的铁水，铁水冷却之后构成了榫，榫卯结合便能牢固地连接石板。它在秦代时便应用于灵渠的修建上，使灵渠历经两千余年仍完好如初。带龙桥在重修时在桥面加建了一座桥楼，名“带龙楼”，楼高两层，既是风景建筑，也是两个居住区之间的闸门。登楼可观周围秀丽景色，一览江岸

带龙桥

带龙桥是黄姚经典风光的名片，远山、拱桥、河流、怪石、榕树、房屋，加上人的身影，构成一幅具有浓厚历史文化气息的秀美田园风景图画。

河流，翠竹奇石，为深受黄姚文人垂爱的观景名楼。林作楫曾为带龙楼赋诗：“虹侵栈道波千尺，路绕江城带一楼。从此山灵龙变化，黄姚景物冠南洲。”诗篇说明了此桥楼在黄姚整体景观构成中所占地位是非常重要的。可惜的是，带龙楼在 1957 年被拆除了，现在人们只能在桥面上看到遗留的部分柱础及闸木孔洞。站在桥拱之上四望，景色依然是清代黄姚人潘芝成所描述的“桥带神龙入翠楼，无边风景动人讴。山牵紫气和云转，水蘸晴光漾日浮”。

三星桥位于黄姚街北三星楼门外，建于清嘉庆十一年（1806 年），为单孔石拱桥。其横跨小珠江，连接老街与街外道路，桥长 11.4 米，宽 2.1 米，拱跨 3.85 米。三星桥朴实无华，并不起眼，但镶嵌于桥东头三星楼下的《鼎建三星桥碑记》记述的建桥始末，反映出黄姚人对公共事务的积极态度，是黄姚人热心公益、乐善好施的缩影与范例，使三星桥具有了一种与众不同的气质。碑记立

带龙桥

从不同的角度观赏带龙桥会产生不同的感受。

燕尾榫卯

带龙桥桥拱条石间用特制的两头大、中间小的燕尾型铸铁块连接加固，使桥梁成为一个牢固的整体，以抵抗洪水的冲击。

于“嘉庆拾壹年岁序丙寅仲冬月谷旦”，由黄姚府庠古士扬所撰，大意是说以前黄姚四面都有桥路相通，独此处未辟桥路，此处有吕公社，清康熙年间有名士潘超留隐此间，许多人慕名而来，却只能止步眺望，留下“此地多产人杰，惜无路以上达”之言。古士扬的祖父听闻此言，有心造桥辟路，却无力承担。到了清乾隆五十二年（1787 年），古士扬的父亲古业显建造了木桥，族弟古士新捐地辟路，实现了先祖愿望。木桥造福乡里二十余年后，已是破败不堪，通行不安全。乡绅莫家成等人有意把易腐的木桥换为坚固耐用的石拱桥，但工程浩大，一人难成，便倡议募捐。修桥倡议获得大众的支持和捐助，石拱桥很快建成，成就百年建筑，行人再无倾陷之虞。桥建成后，有人梦到玉皇大帝馈赠了一张锦笺在桥上，锦笺上面有福、禄、寿三个字，于是把新桥命名为“三星”。

黄姚街北面小珠江与姚江汇合处，有桥名“佐龙桥”，又名“双龙桥”，因为这不是一座桥，而是两座桥。佐龙桥始建于清乾隆二年（1737 年），由乡绅古知先倡议建造。桥长 8 米，宽 2.5 米，高 3.6 米。佐龙桥东面为佐龙祠，西面连接宝珠观，往来的民众众多，桥面狭窄无栏，人流拥挤造成不少坠桥事故。为了消除事故隐患，黄姚人在佐龙桥旁并列建了一座一模一样的桥，两桥合并为一座，使桥面宽度增加到了

三星楼

三星楼因面临三星桥而得名，是黄姚对外门户之一。

5 米，解决了桥面人流拥堵的问题。从桥面看，佐龙桥是一座完整的桥梁，只有从桥底下往上看，才能看到两个桥拱并列，真的是两座桥，相当独特和具有趣味。

对黄姚人来讲，他们心中最喜爱的桥或许是那座如音符跳动于水面的石跳桥。石跳桥不仅是往来通途，也是山水情趣所在，更是黄姚人对自己身份认同的象征物。在黄姚长大的人，小时候一定在石跳桥旁戏过水，只有了解石跳桥的“前世今生”，才能算是黄姚人。石跳桥位于宝珠观戏台旁的姚江水面上，始建于清嘉庆十六年（1811 年）。《重砌珠江石跳碑》载：“闻考聚石为倚，古今所以通往来也。独奈工程浩大，同人之利济艰难，不若柱石中流，便而且捷，以是见得珠江石跳，沙流淹没，每于春夏之间，行人有寒裳之苦，爰所筑砌石步于佐，俾水勿替。徒此徒可通，庶免致叹于苦匏矣兹当告竣，谨镌片言以志不朽云。”

石跳桥连通了宝珠观与中兴街，是从真武山山脚到宝珠观最便捷的通道。当年的黄姚人或许也想过在此处建造一座真正的桥梁，但此处是姚江在黄姚镇内最宽阔之处，建造桥梁是一项巨大的工程，难度极大。于是黄姚人另辟蹊径，考虑到此处江阔水缓，采用了汀步的形式，建成了石跳桥。石跳桥总长度有 19 米，共有 31 个石汀步直线间隔排列在水面上连接两岸。每个石汀步实为一条石柱墩，顶部为上下两级台阶，第一级露出水面约 40 厘米，大小约 35 厘米见方，是通行的桥面。第二级设在石柱墩的背水面，与水面基本相平，当桥面上的行人从两个方向过来相遇时，一人可以踩到第二级台阶上，让另一人错身通行，保证行走通畅，实乃考虑周全。石跳桥造型看似简单，技术上却不含糊，否则抵挡不住每年洪水的冲击。每条石柱墩下面都有石块垒砌的石基，石柱墩垂直插入石基内和石基固定成为整体，石基落于河底泥土上。在落石基前，往泥土中打入多根松木条加固，以防止河底泥土被冲刷流走导致石基下沉。这些建造措施让石跳桥屹立水中 200 多年不倒，并成为黄姚八景之“珠江夜月”的重要组成部分。黄姚人对美好事物都会赋予美丽传说，毫无意外，石跳桥也有美丽的传说：天上的七仙女下凡游览人间，来到此地看到姚江水面平静如镜，便以江面为镜梳洗发容，却不慎失手将梳子掉落江水中，梳子梳齿朝上，化作了石跳桥，温柔地梳理如丝流水，所以石跳桥又有“玉梳桥”之名。

石跳桥

石跳桥是黄姚人身份认同的象征物。在黄姚长大的人，小时候一定会在石跳桥旁边的水里戏过水，只有了解石跳桥的前世今生，才能算是真正的黄姚人。

在黄姚，与七仙女下凡有关的景点传说很多，不仅有石跳桥，还有镇内的仙人古井、镇外的高山仙殿顶等，反映了生活在“桃花源”中的黄姚人充满着对美好生活的憧憬。仙人古井的“仙人”就是指七仙女，相传农历七月初六夜，在古镇的人们酣然入梦之际，天上的七仙女悄然下凡，欣赏黄姚的月下美景，品尝古井甜美的泉水，还宽衣解带，在水池中洗浴嬉戏，尽情娱乐，最后在子夜时分离开黄姚，返回天庭。正巧这一切被一个浣衣老太看到了，初七一早告

诉了镇上的人，人们纷纷好奇地到古井取水回去使用，奇迹发生了：用那天取回的水做豆豉的，豆豉更香；用来熬药的，药力增强；用来洗澡的，大人疥疮痊愈，小孩不长痱子；用来清洗家具的，家具不长虫；把水存放于家中水瓮，水一年半载不变色、不变味、不长虫。此后，人们把这口井尊称为仙人古井，把井水称为神仙水，在每年农历七月初七都要从这口井取水保存使用，逐渐形成了黄姚的一个节日：七夕取水节。

美丽的传说从侧面说明了一个事实：黄姚的水，水质优良。黄姚的水井基本位于江边或池塘边，如龙泉井位于见龙祠下的姚江边，凤凰井位于南塘边，皆为浅地表水源池式水井，人们在水池边弯腰即可取水使用，十分方便。仙人古井位于小珠江北侧，周围古树成荫，环境幽雅，东距护龙桥 100 米，旁边有一条名为“水井巷”的巷子连接安乐街，是黄姚众多水井中最大、最有名的一个。古井始建于明末清初，面积约 50 平方米，共有 5 个水池，井深

仙人古井

有关仙人古井美丽的传说，反映出黄姚人对美好生活的憧憬。

仙人古井功能划分

人们按照日常使用功能对古井进行了划分。泉水从出水口涌出，为饮用水，然后流到旁边一个池子作清洗食物使用，再流到稍远并列的三个池子用于洗衣服或洗澡。不同的池子分别承担饮水、洗菜、洗衣等不同用途，绝不混淆。泉水最大限度利用后排入旁边的小珠江，科学、卫生和环保。

约 1 米，池底和池边均以青石板砌筑，池子之间留有宽阔的空间，便利人们在池边取水和劳作。人们按照日常使用功能对古井进行了划分，不同的池子分别承担饮水、洗菜、洗衣等不同用途，绝不混淆。泉水来自两公里外的鸡公山，从出水口汩汩涌出，清澈甘甜，为饮用水，然后流到旁边一个池子用于清洗食物，再流到稍远并列的三个池子用于洗衣服或洗澡，最大限度利用后排入旁边的小珠江，十分科学、卫生和环保。

优质的黄姚水不仅是黄姚人赖以生存的基础，也是促进黄姚商业发展的催化剂，产生了“黄姚三宝”之一的黄姚豆豉。民国廿三年（1934 年）《昭平县志》记载了豆豉的制作流程，强调了黄姚的水对豆豉品质的关键作用：“豆豉，以邑东黄姚街之出品为最得地道。因其炊浸洗豆时俱利用宝珠江水，故制成豆豉透心柔软，无核香甜异味。物质精良，名驰中外，诚特产也。其制法以黑豆或朱砂豆一百一十斛，先用水洗净，置于木甑，炊三小时许倒入冷水

静谧的岁月，随处可停留

古往今来，桥上依然人来人往

玉梳梳流水

古老的墙垣，斑驳的光影

豆豉制作

黄姚豆豉制作历经选料、蒸豆、发酵、洗霉、压白、晾晒等过程，独特之香离不开上乘黑豆原料和优质水源。

浸至靓身。捞起复用甑炊至大气上升，甑盖有水珠，即用大箕摊冻后，藏入霉房，用霉窝摊开压使之霉。越七日，以江水洗净，入落篓，又七日，再入大箕，于早晨摊晒，用手捞二次，俟底面转靓便成豆豉。”豆豉不是黄姚独有，但是黄姚的水使黄姚豆豉独香。黄姚豆豉在清康熙前已经名声在外，乾隆时最盛，一度成为朝廷的贡品。豆豉贸易支撑着黄姚的商贸繁荣，滋润了黄姚人的生活。如今，黄姚的豆豉制作工艺已成为广西非物质文化遗产。

数百年来，每天清晨，人们到井边汲水、浣洗，在此停留、闲聊，黄姚新的一天，让神仙眷恋的烟火生活，就这样在晨曦薄雾中开始了。

Adam. DONG 2020. 黄姚古镇

人神眷恋的红尘地

黄姚的中元节为农历七月十四日，俗称“鬼节”。

人们在自家门前的石板缝插上成行点燃的蜡烛与檀香，整个古镇笼罩在烟火扑闪之中。兴宁庙前的姚江边，人头攒动，都在等待着向河中放柚子灯，祭河神。柚子灯，顾名思义，是用当地酸柚子做成的灯，由“灯头”和“灯尾”两部分组成。灯头是用来引导灯尾的，用 4 个削去头部的柚子和竹片连成底架，再在上面扎一个 1 米多长的方形立体框架，糊上白纸成为房子，房子前面贴有对联，房子里面插着香烛。灯尾很长，以 3 个削去头部的柚子为一组，用竹片连接成“品”字形，每个柚子上都插着香烛，然后用一根麻绳把一组组的柚子串联起来，共 36 组 108 个柚子，组成 20 多米长的柚子灯。

祭拜完兴宁庙里的神灵，随着一阵鞭炮和锣鼓声响起，一年一度的放柚子灯活动开始了。灯头房子内的香烛被点燃，所有柚子上的香烛也被点燃，整条柚子灯像一条发光的长龙，漂浮在水面上，水面波光粼粼，颇具神秘色彩。领头的是一条木排，载着舞狮队和八音乐队开路，十几个熟悉水性的男子在水里，带着柚子灯徐徐出发。柚子灯沿姚江蜿蜒逆流而上，缓缓地行经几个大弯，途经大水埠头、龟头墩埠头、会龙社埠头，穿过带龙桥，到达见龙祠埠头。祭拜完见龙祠的神灵，柚子灯掉头往回，顺流而下回到兴宁庙埠头，全程约 2000 米。河边人潮汹涌，但在整个过程中观灯者都是默默地观看和祈福，用心在祭祀河神，只有那领头木排上八音乐队演奏的古乐和舞狮队的锣鼓声回荡在古镇幽静的青山绿水间。放灯活动结束后，岸上会水的人纷纷下河争抢柚子灯上的柚子来吃或带回家，因为大家认为这些柚子是祭祀过河神的祭品，有祛病消灾保平安的功效。

柚子灯

一年一度的黄姚放灯节在中元节举行，柚子灯如一条发光的长龙漂浮于姚江之上。祭祀河神，是黄姚信仰空间的一个组成部分。

真武山

真武山如神一般存在，在古镇内处处可见真武山威武挺拔的身影，其地位尊崇，左右着黄姚信仰空间的气场。

如今，“黄姚放灯节”已经成为广西非物质文化遗产。中元节祭祀河神来源于黄姚人的水崇拜，对于黄姚的信仰空间来讲，这仅是其中的一部分体现。黄姚有着完善的信仰空间和风水话语系统，从宏大的山水格局到城镇公共信仰空间，从家族祭祀到细微的个人崇拜，这些丰富多样的元素形成信仰基础，从而建造出一个生机盎然的精神空间。

黄姚的山水格局，为“十山三水”的山川水势。

“十山”是指黄姚的十座山。黄姚盆地地处喀斯特山地，古镇周围群山林立，真武山、隔江山、酒壶山、天马山、天塘山、叠螺山、牛岩山、关刀山、鸡公山等九座山峰从四面八方向古镇聚集而来，山体翠绿挺拔，形态起伏，如游龙一般，即民间所说“九龙归穴”格局。真武山、隔江山紧靠古镇的东面与南面，山体高度百十米，民居直接建于山脚下，山是古镇坚实的依靠。酒壶山、天塘山、鸡公山在古镇的北面、东面及南面稍远处，而天马山、叠螺山、牛岩山、关刀山则在更远一些的外围，层层叠叠把古镇拥于怀抱，留下西面面向开阔的田野，一直到数十里外马鞍山接米岭岭脚。黄姚的“十山”除了以上提到的周围九座山峰，还包括一座位于镇内不起眼的“小山”。这座山峰坐落于佐龙桥畔的小珠江之中，与真武山隔江相望，高约5米，虽有山名，实为一座天然假山石，因其外形圆润状如宝珠，故名“宝珠山”。宝珠山虽小，却是黄姚不可或缺的一个景致。古镇周围的山峰如层层莲花花瓣，簇拥着古镇内的宝珠山，呈宝珠莲花之势，使黄姚盆地藏风纳气，古镇人杰地灵。

真武山如春笋般平地而起，为黄姚最高峰，俯瞰整个黄姚古镇。在古镇内，处处可见真武山威武挺拔的身影。其处古镇东面，减弱了东南季风对古镇的影响。真武山是黄姚的神山，之所以受到黄姚人的尊崇，是因为相传此山为真武大帝修炼之处，还因为真武山肩负着一项任务——把黄姚北面的马鞍山的龙气引入黄姚，这是黄姚街生生不息的关键。在黄姚的信仰空间中，马鞍山是黄姚的龙脉，由北方而来，真武山是黄姚的龙穴。龙气沿着龙脉行走，进入龙穴。龙气再从真武山而出，笼罩于黄姚街，为黄姚营造强盛的气场。清代黄姚人李作霖诗曰：“高峰落落树亭亭，水抱山环著眼睛。坤德长昭堪作幛，慈云普照足为屏。千寻秀气诚求应，一片婆心默叩灵。信是地天神造化，蛇龟两将互相形。”这首诗名为《真武屏障》，说的便是黄姚八景之一。

“三水”指流经黄姚的三条河流：姚江、兴宁河、小珠江。姚江源于黄姚北面水岩山的丹竹冲，在山岭间穿行数十公里后由东面进入黄姚，往南流出黄姚，与其他河流汇合成为沙子江，在马江镇汇入府江。兴宁河又叫亭子溪，发源于黄姚西面山岭，向东流入黄姚，在镇南部汇入姚江。小珠江发源于黄姚西北面山岭，自北向南流入黄姚，在镇北部汇入姚江。三条河流主次分明，在古镇之内蜿蜒流淌，形成山环水绕的佳境。特别是姚江，在古镇中的河道呈反“S”形，如果在外围画个圆，即为中国传统的阴阳八卦图意象，黄姚古镇“九宫八卦”布局的神秘传说便来源于此。现实中，处于八卦之阳的位置密集居住着居民，而处于八卦之阴的牛利寨又

兴宁河

兴宁河为流经黄姚的三条河流之一，又名亭子溪，发源于黄姚西面山岭，向东流入黄姚，在镇南部汇入姚江。

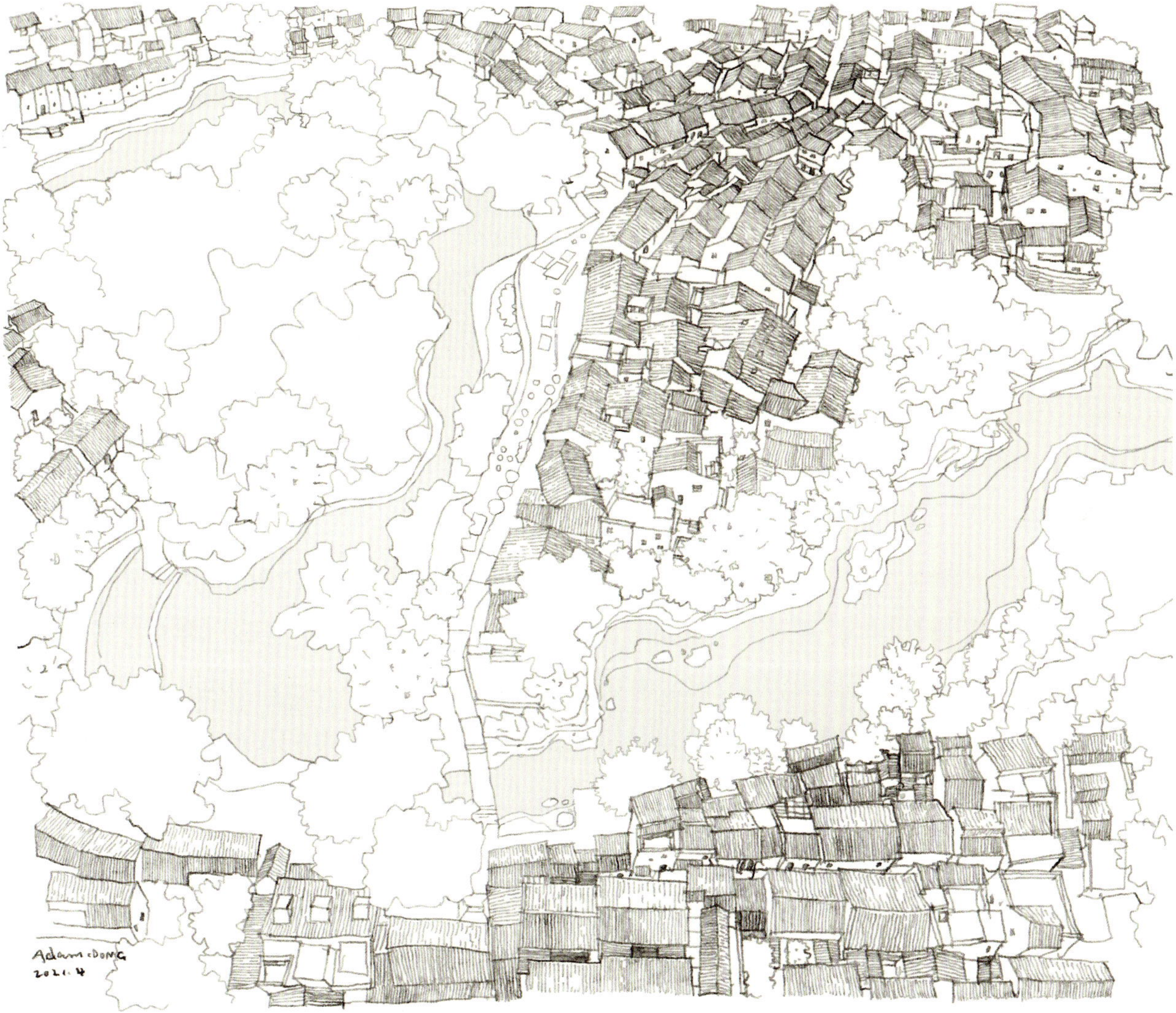

九宫八卦图

姚江在古镇中的河道呈反“S”形，冥冥中契合黄姚古镇“九宫八卦”布局的神秘传说。

少有人家居住，至今仍是一片荒地，冥冥中契合“九宫八卦”布局。

小珠江的名字来自黄姚的居民，因为大多数的黄姚人来自广东，也许是怀念家乡，便用家乡大江的名字“珠江”来命名这条小溪。河流两岸点缀着嶙峋怪石，形态各异，被赋予各种动物形象，如南蛇、乌龟、公鸡、螃蟹等，并编织了各种神话故事，与动物本身所隐喻的吉凶、世人的福祸联系起来。如佐龙桥畔的水边有巨石似门洞，上题“禹门”。真正的“禹门”又名“龙门”，是黄河流经山西省的一处狭窄的峡谷，传为大禹所凿，唯神龙可以越过。佐龙桥畔的“禹门”近处一石似鲤鱼，跃跃欲跳，故有“鲤鱼跃龙门”的传说。又如带龙桥附近，路旁墙根崛起一块大石头，神似张口仰望的蛇头，人们便创造了“南蛇出洞”的传说。姚江、兴宁河、小珠江都不宽，平常水浅，无法载舟行船，河水静静流淌，与两旁的屋舍、石桥等景物构成了“小桥流水人家”的画面。这个画面是天然的，与独具匠心的江南水乡相比，具有不同的韵味。

水口是中国古代村镇空间结构中重要的元素，指的是一地之河水流入或流出的地方。“人身之血以气而行，山水之气以水而运。”在中国传统文化中水被看作是财源的象征，堪舆书《入地眼图说》中对“水口”有明确规定：“凡水来处谓之天门，若来不见源流谓之天门开；水去处谓之地户，不见水去谓之地户闭。夫水本主财，门开则财来，户闭财用不竭。”后人对水出口尤为重视，水出口处必须水口关锁，不让财源流失。黄姚有三条河流流经，自然有三个水口：一个是小珠江汇入姚江的水口，再一个是兴宁河汇入姚江的水口，另一个是姚江流出黄姚的水口。黄姚人定居此处后，数百年来，用心地在这三个水口进行风水园林景观的营建，使之逐渐成为黄姚名胜集中地及文化精华荟萃之地。

在小珠江与姚江的交汇处，宝珠山立于水中，谓为小珠江水口砂。佐龙桥横跨小珠江，西边宝珠观，东边佐龙祠，形成掎角之势紧锁小珠江水口，加上遮天蔽日的龙爪榕，使得小珠江水口极具气势，同时景色十分怡人。桥下一片空旷的浅滩，水边有古榕奇石，岸上是观祠亭台，每当月明风清之夜，月亮高挂山巅，波光粼粼映现晶莹月色，天水交融。有诗赞叹：“半亩榕荫护野蔬，画桥亭畔月明初。横江匹

小珠江水口

水口一般是一个地方文化景观精华荟萃之地。小珠江水口具备风水极佳的水口所需的砂、桥、祠观、古树形成的气势及宜人的自然景观。

练澄如许，览景人归夜读书。”这美景便是黄姚八景之一“珠江夜月”。

兴宁河汇入姚江的水口则朴实得多，护龙桥横跨兴宁河口，兴宁庙位于桥头，两岸弯曲的古榕，形成锁兴宁河水口之意。

姚江汇聚了小珠江与兴宁河之后，流出黄姚的水口显得非常重要。明万历年间，在东门楼外有水口祠，与当时的黄姚门户东门楼、守望楼共同扼守姚江水口，后来水口祠被洪水冲毁，当代人在此建了高大的索龙桥，有“锁龙”之意。清代黄姚人则把眼光放得更远了一些，在南边的天马山营建文明阁，重新定义了姚江水口。姚江自索龙桥向南约 1 公里，隐入天马山与天塘山相对峙的文明峡，符合清代堪舆书《地学简明》对水口的环境要求定式：“凡一乡一村，必有一源水，

“珠江夜月”

“珠江夜月”为黄姚八景之一，位于小珠江与姚江相交处。清代黄姚人李作霖《珠江夜月》诗曰：“宝珠圣观大江边，白浪滔滔夜月临。水面流珠珠浪润，波心印月月晶莹。光涵万象浑无际，影荡千圆静有声。妙景凭栏看不尽，银蟾耀眼映长庚。”

水去处谓之水口，若有高峰大山，交牙关锁重叠，周密不见水去，即其中便可寻地，若更有异石带头带尾，逆水朝入，其中必有大贵之地。”天马山山麓有黄姚的名胜文明阁，主体建筑有山门、大殿、魁星楼、观景亭等，“亭台错落，阁参差，山水幽奇，长林荫蔽，曲径迂徐，左紫右拂，泄千载之秘而成一代之伟观者也”，为黄姚八景之一“文明晴岚”。在文明阁之下、姚江岸边耸立一座酷似田螺的小山，呈现神螺阻挡流水之象，“龙槽溪口拥青螺”，有聚财、防财源流失的吉祥之意。镶嵌于文明阁福元台的清乾隆三十年（1765年）《禁山石碑》载：“文明峡之于螺山也，鼎峙宁文之界。一则两峰挺翠，锁万派之合流；一则中流砥柱，障北风之凛冽。三山之关系，二里风水也……”天马山与天塘山夹峙姚江，叠螺山正当水中，共同为势，如飞将当关、虎贲护驾的水口之砂，把锁黄姚水口，藏蓄黄姚生旺气脉。

黄姚人苦心经营，使黄姚的山水格局宜居生动。但是大自然是桀骜不驯的，黄姚不可避免地会受到天灾的侵害，其中洪水灾害尤其严重。

黄姚关于鲤鱼街有首儿歌：“落雨大，水浸街，有条大鱼游过街。”清代梁端章《龙楼春潦》写道：“浪影涛声撼水楼，奔腾澎湃雨初收。桥梁灭顶人争济，企望安澜共举头。”这些描写反映了黄姚水患的易发性。春夏之际，姚江水位暴涨，黄浊的波浪滔天，浩浩荡荡从北面奔腾而来，经过带龙桥下的石槽时更是汹涌澎湃，发出震耳欲聋的响声，回荡山谷。带龙桥上的带龙楼是黄姚的观景名楼，每年此时，黄姚的文人登楼饱览波澜壮阔的水景，激发豪情，赋诗抒怀，这情景便是黄姚八景之一“龙楼春潦”。能把洪水当作一种美景来欣赏，反映了黄姚人颇具浪漫主义精神。昭平县属亚热带季风性气候，雨量充沛。黄姚地处盆地，四周高、中间低的地势使得该地极易受到洪水侵害，历史上有多次严重水患。《昭平县志》中有“光绪十五年己丑四月三十日，水涨非常之大，冲塌田宅极多，漂溴人畜不少，诚百年来仅见。……嘉庆年间曾经一次大水率与此年相等”“乾隆八年癸亥四月黄姚大水”“民国五年丙辰三月大水，黄姚宝珠观门前重约千斤之石狮推翻，田宅冲坏不可胜数”等记载。频繁的水患，除了造成桥塌房倒的财产损失，还致使一些不会游泳的孩子、

老人或妇女不幸溺亡，黄姚人以为这是水鬼河神作祟，于是便有了祭拜水鬼河神的放灯节。

黄姚的信仰空间形成过程中一个重要环节是宗教信仰的影响。放灯节于农历年中举办，这个日子在道教中为中元节，是地官赦罪之辰，需为家人持斋诵经、荐奠祖考；这天也是佛教的“僧自恣日”，要做盂兰盆会以救倒悬；同时，民间认为每年农历七月是阎罗王打开鬼门关的时期，让无人奉祀的孤魂野鬼到人间来享受供奉，特别是七月中旬是鬼门大开之时，一般认为这期间人们最好不要出门或到水边，免得撞鬼或不慎落水成为河中水鬼的替身，故中元节也称为“鬼节”，需要祭祀方方面面的鬼神。黄姚放灯节设置于中元节期间，迎合了道教、佛教及民间信仰的信众需求，成为黄姚当地最独特的民俗活动。这个现象反映出黄姚的信仰呈现诸神杂陈的特点，与广西宗教信仰发展状况相符合。

兴宁河水口

护龙桥横跨兴宁河口，兴宁庙位于桥头，加上两岸弯曲的古榕，共同形成锁兴宁河水口之意。

佛教在汉末传入广西，兴盛于唐宋，到了明清进入衰弱期，原因是在广西本地强劲的民间信仰的包围下日渐式微，日趋世俗化。道教虽然起源于中国古代的神仙方术，东汉传入广西后得到极大发展，但是明代之后因为失去官方支持，加上自身理论缺失，道教也走向世俗，迎合广西“越人好鬼”的习俗。此时儒释道三教合一，加上当地信鬼好巫，信仰多元，广西的宗教场所呈现多神合祀的现象。在庙宇中，佛祖、天尊、关帝、文昌、土地等可以同时摆于神台一起供奉。对于民众来讲，他们信仰宗教主要目的是求得心灵的宽慰，如解脱今生的苦难，获得来世的幸福，随时逢凶化吉等，祀神是为了祈神赐福，所以人们往往是见佛就拜、逢神即供、遇仙便求，无论是如来、观音、北帝、财神、孔圣，还是神仙怪力、祖先英灵，又或是土地神等，都是供奉的对象，以求获得更多的庇护。黄姚的移民主要来自粤东，广东的真武信仰极受重视，广东人相信崇拜真武大帝可以消灾去厄，因此黄姚的信仰体系中，真武信仰占据了重要一席，并根据经义营造修炼空间，造就洞天福地。

“一观两阁三庙宇，六社九祠十一堂”描述的就是黄姚的宗教信仰空间。“一观”指宝珠观，“两阁”指文明阁、准提阁，“三庙宇”指兴宁庙、白马庙、回龙庙，“六社”为东社、西宁社、接龙社、印塘社、吕公社、会龙社，“九祠”为安乐祠、护龙祠、见龙祠、佐龙祠、回龙祠、福德祠、福庆祠、大圣祠、水口祠，“十一堂”指古、莫、林、劳、梁、郭、黄、叶、吴九姓宗祠及仙山莫公祠、天佑古公祠。面积仅 3.6 平方公里的黄姚，拥有如此丰富的宗教信仰、人文景观，且佛教、道教、祖先崇拜与其他民间信仰的神祇和谐共处，实属罕见。

宝珠观是黄姚最巍峨、最古老的观宇，始建于明嘉靖三年（1524 年），清乾隆九年（1744 年）重建，之后都有修葺及扩建。清光绪二十年（1894 年）《重修宝珠观壁背并通宝珠山碑》载：“考本境祖庙宝珠观，九曲朝堂，水缠玄武。其四崖层叠，状若莲花；或高耸龙门，石形有破浪之鲤；或深藏蛟窟，土花有透地之泉。尤可奇者，庙后背旁江涌，小山还迴泉绕，宛在中央。秀而且丽，俨若宝珠。庙建厥初，因以名观。前贤慎重，恐江水逼近后殿，甃以石，筑以土，而灵跡因之隐伏焉！”宝珠观因建于宝珠山旁而得名，地处姚江与小珠江汇合处，古戏台立于近旁，周围古榕参天，景色宜人。每到日暮时分，观中铁钟被敲响，钟声在山水间回荡，声韵悠远，令人心醉，这美景便是黄姚八景之一“宝刹晚钟”。清光绪诗人李作霖为此景题诗曰：“宝珠古刹最清真，百万钟灵映水滨。音到歇时仍有韵，悟从空处岂无因。三更风月常为伴，万壑烟霞自是邻。费尽老僧多少力，何曾唤醒梦中人。”

现存的宝珠观坐西向东，为两进院落式建筑。建筑轴线上依次布局照壁、前院、门楼、天井和大殿。前院为长方形，正前方为砖砌照壁。门楼为三开间砖砌硬山式建筑，两侧为跌落式封火山墙，前置较深前廊，入口设于明间，门前石狮镇守，门上悬挂有“宝珠观”金字匾额。门楼柱子均为石制，为岭南抬梁式木屋架。屋顶覆灰筒瓦，脊饰为精美的石湾陶饰。门楼之后为天井，天井两侧为连廊，连接门楼与大殿。大殿面阔三间，前檐作轩廊，檐柱为石制，上塑威武的蟠龙浮雕。木构架为岭南抬梁式，明间四根金柱合围形成祭祀空间，主位供奉真武大帝金身塑像，神龛雕刻精美，金碧辉煌，

“北帝君主”牌位高悬。宝珠观重建后为清代广府式建筑形式，整体简洁朴实。

宝珠观的照壁、门边、立柱等处悬挂或镌刻有各式对联，均为历代黄姚文人举子所撰写，讲述着宝珠观昔日的辉煌。如照壁墙上所写的对联“窥透灵山千叠嶂，别开兜率一重天”，说明宝珠观是辉煌的道教场所；门楼入口大门两旁所悬挂的对联“佛日光明临远迩，禅关山水最幽灵”，是对佛寺的赞美之词；门楼内石柱上所镌刻的对联“文德诞敷万载科名司甲乙，武功丕著一生得力在春秋”是歌颂孔子和关圣的；大殿门旁所挂对联“法像在一龛仰仙佛圣神赞化调元宏乐利，鸿恩流万载合士农工商领和食德永瞻依”则是各界民众对诸路神仙保佑的感激。从这些对联中可看出，宝珠观在黄姚的宗教信仰系统中占据重要地位，亦反映出宝珠观主祀真武，名义属于道教宫观，但在宝珠观的历史中，佛、道、儒及民间诸神都曾是宝珠观供奉的神祇。

黄姚曾有一座供奉准提菩萨的佛教场所——准提阁，准提菩萨三头十八臂，是释迦牟尼的化身，在六道中救度天道与人道。民国廿三年（1934年）《昭平县志》载：“准提阁在黄姚街宝珠观之左，清乾隆丁亥年建，嘉庆癸酉年修，历任樟木林分司借此为衙署。”准提阁与宝珠观紧邻，黄姚人一向把两者相提并论。清嘉庆十八年（1813年）《重建宝珠观准提阁碑》记载：“嗟乎！维兹宝珠、南海慈航、准提普济并北帝声灵，均式凭之。不有作于前者，虽天堑称雄，谁为山川生色？亦有美而弗彰，不有承于后者……”准提阁曾经有住持及和尚，并有田产供养。后来世事辗转，僧走阁空，樟木林巡检分司入驻，几经改建，到如今已成为中共广西省工委黄姚旧址纪念馆。

文明阁是一组道教建筑群，始建于明万历年间，清乾隆年间重建后，成为文人墨客以文会友的胜地。文明阁原为文昌阁，供奉文昌帝君，改名文明阁后，祭祀关帝，同时请入北帝、观音及孔圣。

黄姚的祠社众多，主要是土地祠和社头，供奉村社的土地神，分布于黄姚镇内各个角落。土地载万物又生养万物，长五谷养百姓，使古人对土地极为敬畏与崇拜。土地神是管理本乡本土地头的小神，即地方保护神，保佑人们安康殷实，因此每年开春及秋收时节，乡里民众会进行祭祀活动。土地神在道教中地位较低，故黄姚的土地祠社规模都不大，基本为一间砖砌硬山屋宇，里面摆设神龛与供桌，多有对联。位于兴宁河与姚江交汇处的兴宁庙又称兴宁祠，始建于明万历年间，清乾隆十八年（1753 年）重修，并在庙前添建了真武亭和护龙桥，真武大帝、土地公公及土地婆婆同处一室，同时享受供奉。祠、亭、桥一体，形成“襟带河山，形胜甲出”之势，镇守兴宁河水口。佐龙祠始建于清乾隆年间，位于宝珠观西南面小珠江旁，祠中供奉土地神，祠前连接一个方形凉亭——佐龙亭，东面与佐龙桥相连，也是祠、亭、桥一体，以“佐起文明新运会，龙扶博厚铁山河”之势锁小珠江水口。见龙祠位于带龙桥旁姚江东岸，重建于清道光十年（1830 年），祠靠山为屋，以石壁为神龛，前设方形过街亭——见龙亭。兴宁庙的真武亭、佐龙祠的佐龙亭、见龙祠的见龙亭等都称为祠亭。黄姚的祠社前一般会有祠亭，是祠社前的祭拜空间，为一开间的方形亭式建筑，柱子为砖砌，柱顶有撑栱支撑构架，屋顶为单檐歇山或重檐歇山顶，檐下有雕刻华丽的封檐板，脊饰灰塑精美，均有寓意深刻的对联或匾额，极具岭南园林建筑韵味。祠亭扩大了祠社的规模，提升了祠社的地位，装点了黄姚的风景。佐龙祠祠亭地处黄姚风景最幽处，是古镇居民日常休憩、纳凉、闲聊的绝佳场所，所悬“惟尔有神”匾额实至名归。

黄姚的祠、社分布于黄姚镇内各个角落，香火旺盛

祠亭

佐龙祠祠亭“惟尔有神”匾的“神”，含义或许是指此处有神灵，或许是指此处风景绝佳。

唯一与众不同的是安乐祠。安乐祠又称安乐寺，位于安乐街，供奉的不是土地神，而是李道清。明代黄姚周边的少数民族连年起事，黄姚处于动荡不安当中，官府派遣千户李道清率兵镇压，平定骚乱，使黄姚恢复安定祥和。黄姚人感念李道清功德，奉其为黄姚保护神，清顺治年间建了安乐祠，塑立李道清跨马持戟神像于内供奉，并引入佛祖共祀。安乐祠以当地历史人物作为庇护神灵供奉，成为黄姚信仰系统中的独特存在。

黄姚镇内三水环绕，居民伴水而居，水边并无防护设施，居民不慎落水而亡或儿童在江中戏水时意外溺亡的事件不时发生，刺痛着居民的心。为了祈求平安，黄姚人在水边的埠头竖立一块雕刻有观音像及“南无阿弥陀佛”六个字的石碑，供人们祭拜，黄姚人把这块石碑称为“水观音”。古镇内约有二十几块“水观音”，分布于黄姚水边的各个埠头，人们日常以香烛祭拜，期望“水观音”照看好自己的家人，不要让他们

安乐祠又称安乐寺，以当地历史人物作为庇护神灵供奉，成为黄姚信仰系统中的独特存在

在水边发生意外。对“水观音”的崇拜是黄姚人水崇拜的一部分，亦可认为是佛教衍生的信仰，似为黄姚独有。

神龙崇拜是黄姚信仰系统中重要的一环，深深地融入当地民众的日常生活和整个黄姚社会的建构中。黄姚关于龙的传说很丰富，其中流传最广的“龙游黄姚”应是发端。传说在很久以前，天上的一条金龙巡游大地，爱慕黄姚的秀丽风光，专程而来，在进入古镇前，于古镇西部的一口双眼池塘洗浴净身，然后从西门进入古镇，在古镇内徜徉一轮后，至城东北出城门飞天离去，留下一片金光闪耀在黄姚上空。人们根据这个故事，把金龙洗浴的双眼池塘称为“龙塘”；把金龙进入古镇的西门称为“接龙门”；带龙桥下的怪石河床是金龙游过时磨出来的，称为“龙槽”；盘身休憩的街道叫“龙畔街”；据传黄姚有人目睹了金龙游过，于是在看见金龙之地建了“见龙亭”；亭下的“龙泉井”因金龙游过而涌泉……传说与古镇现实存在发生关联，增强了故事的神秘性。龙崇拜的影响在黄姚无处不在，影响着黄姚的建设与发展，附会“龙”字的文化及遗存比比皆是。大的方面有“九龙聚穴”的风水格局，龙穴、龙脉的理论是黄姚风水话语系统的重头。小的方面体现在黄姚的各式建筑中，庙宇有回龙庙，社有会龙社、接龙社，门有接龙门、龙凝门，楼有接龙楼、带龙楼，亭有佐龙亭、见龙亭，祠有佐龙祠、见龙祠、回龙祠、护龙祠，桥有带龙桥、护龙桥、佐龙桥，街有龙畔街，另外有龙塘、龙泉井，有龙爪榕、龙鳞树，还有鲤鱼跳龙门景观等。同时，黄姚的文人墨客咏颂龙的诗词、对联丰富多彩，处处

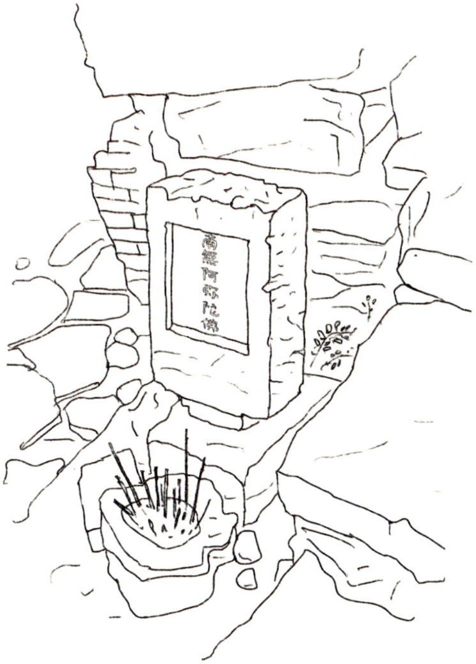

水观音

忙碌的黄姚人无暇管理孩子，便拜托“水观音”帮忙照看，以求不要发生意外。

宗族的凝聚

各宗族筹资建造宗祠，捐资族人会被勒碑刻铭，石碑嵌于宗祠或街巷的墙上，流芳后世，推动宗族的凝聚。

可见，使整个古镇充满浓郁的龙文化气息。每年正月期间，民间有舞鱼龙活动，祈求来年风调雨顺。黄姚人如此崇敬神龙，神龙自然会一直护佑着黄姚民众，这是黄姚人朴素的期望。

除了自然崇拜、宗教崇拜、神龙崇拜等，黄姚的信仰空间中还有一个重要组成部分：祖先崇拜。黄姚居民由多个大姓氏的宗族组成，宗族势力表现较强，各个不同时期的黄姚社会由不同姓氏的宗族势力把控，宗族以雄厚的财力积极参与公共事务，如捐资修建道路桥梁、供养本土保护神、修葺庙宇等。清乾隆年间，

宗祠建筑

黄姚宗祠的建筑高大雄伟，装饰华丽，形象在黄姚民居建筑中是很突出的，但各姓氏宗祠的建筑规模、形制风格及装饰手法基本一致，体现“大姓不欺小姓”的平衡默契。

黄姚的信仰活动兴盛，与宗族势力的兴起紧密相连。黄姚各个宗族来处相近，宗族之间既竞争又联合。为了显示家族的实力，同时为求家族人兴财旺，致敬祖先，昭显渊源，延绵泽后，各宗族纷纷筹资建造宗祠，建立祭拜祖先的场所。宗祠内的祖先被认为是远祖或非个人化的祖先，崇拜祖先的意义是表达族人对祖先的关注与纪念，同时希望通过祭拜，让祖先在天之灵也关注族人，并以冥冥之中的力量保佑当世的族人。宗祠是宗族活动的空间，是族人日常进行聚会、议事等各类活动的场所，对一个宗族来说，宗祠是宗族立足于乡里的基石。

黄姚古镇内共有十一座祠堂，包括九座宗祠和两座家祠，宗祠为古氏宗祠、莫氏宗祠、郭氏宗祠、梁氏宗祠、劳氏宗祠、吴氏宗祠、林氏宗祠、黄氏宗祠、叶氏宗祠，家祠为天佑古公祠、莫氏仙山祠。它们大部分始建于清康熙至乾隆年间，重建于 1993—1996 年。宗祠的建筑高大雄伟，装饰华丽，形象在黄姚民居建筑中是很突出的，但各姓氏宗祠的建筑规模、形制风格及装饰手法基本一致，反映出黄姚各宗族间有一种平衡默契，是“大姓不欺小姓”的一种体现。

宗祠的基本布局为三间两进，即门楼、祖厅、天井及天井两侧的厢房合围的四合院，配备厨房及花园，占地 400 ～ 500 平方米。门楼和祖厅均为青砖砌筑的硬山建筑，广府式建筑风格，两侧山墙为高耸拱起的镬耳封火山墙，这种镬耳封火山墙在黄姚只能用在宗祠建筑之上，区别于一般民居，以其形似“官帽”“状元帽”的造型，提高建筑物地位，勉励后人读书求功名。门楼建于台基上，前有数级台阶，一般设有前廊，檐柱为方形或圆形石柱。入口大门设于明间，门上悬宗祠匾额，两侧通常有一对四字或五字对联，简要地说明祖先来源和后世情况，如郭氏宗祠大门对联是“汾阳世胄，点颔家声”，吴氏宗祠大门对联是“宗开渤海，祠镇珠江”，莫氏宗祠大门对联为“钜鹿开世系，粤桂衍宗支”，劳氏宗祠大门对联为“元祖源流远，威公世泽长”，等等。有的宗祠在门楼入口后设木屏门，如郭氏宗祠、劳氏宗祠，当地把屏门称为“鸿门”，平时关闭作为阻挡外部视线的屏风，在重大祭祀活动时开启。祖堂为广府抬梁式木构架或搁檩式木构架砖木建筑，内部为大空间并面向天井开敞，形成祭拜空间。祖先的神主牌位安放于明间后座神龛内，牌位层层叠叠，正中为南迁一世祖及各世祖，两侧是由家族同支不同房的子孙为祖先“入祖”的神位。牌位神龛周边雕龙画凤，

鸿门

鸿门平时关闭，作为宗祠门楼阻挡外部视线的屏风；当鸿门打开时，必是宗族有隆重的事情发生。

镬耳封火山墙

在黄姚，镬耳封火山墙只能用在宗祠建筑之上，以其形似“官帽”“状元帽”的造型，提高建筑物地位，同时勉励后人读书求功名。

墙楣绘画

黄姚建筑装饰的最大亮点是墙楣绘画，黄姚人的处世观念在这些绘画题材中得到充分的反映。

惟尔有神

涂饰金赤，装饰金碧辉煌，是整个宗祠的视觉焦点。神主牌位神龛两侧的次间，通常供奉有观音、天后或土地神。天井两侧厢房除了储备祭拜物资，还供外地赶来祭拜的宗亲和族内穷苦的读书人居住。

宗祠以广府式建筑形式建造，与黄姚移民基本来自广东东部的情况相符合，精细的建筑装饰亦反映了广府人及客家人的务实精神与审美情趣。宗祠装饰有木雕，如檐口的木封檐板、窗扇、隔扇等；有石雕，如柱础、门墩等；有灰塑，如封火山墙墀头、镬耳封火山墙下沿、墙楣等处，以花草灰塑装饰。最大的亮点是墙楣绘画，最能反映黄姚人的观念。各个宗祠建筑的墙楣上基本装饰满图画及题词，题材有“秋饮黄菊酒，冬吟白雪诗”的田园生活，有花鸟鱼虫和“四季平安”的吉祥图案，有“龙出姚江”的神话故事，还有“规行矩步”的劝学内容，表达了黄姚各氏族民众虽偏居岭南，

仍怀有“穷则独善其身，达则兼济天下”的儒家传统追求。

黄姚的各个宗祠选址很讲究，既要符合黄姚总体的风水格局，又要兼顾本族人的期望需求。古氏宗祠最早建于隔江山下，门庭开阔，面朝真武、酒壶、鸡公三山，脚下兴宁河、姚江汇聚，可谓风水宝地。后来古氏人口增多，在清乾隆年间于宝珠观旁树林中新建规模更大的宗祠，原来的宗祠更名为天佑古公祠。新宗祠门前檐柱上的对联为“前火焰后金屏仰见宗功祖德与灵山而并峙，左珠江右锡巩惟愿文经武纬合秀水长流”，描述了宗祠所处环境：前朝隔江山（火焰山），后靠金屏山，口含宝珠，远处是天马、天塘、叠螺三山环峙；小珠江由宗祠背后流出，流经门前的锡巩桥，在宝珠观旁与姚江汇合；周围古樟、古榕遮天蔽日，为钟灵毓秀的风水宝地。莫氏宗祠坐落于锡巩桥南

神龛

雕饰精美繁复的神龛，处于外观朴实的建筑的最深处，可否视为黄姚人外拙内秀的性格表现？

河岸，坐西朝东，面朝真武山迎日出，远处姚江之水源源而来，近处小珠江缓缓流淌，周围数棵大樟树辅佐，格局极具气势。郭氏宗祠所处之地为南塘的西岸，祠堂坐西朝东，门前是宽阔的池塘，右边兴宁河往东流入姚江一直向南，依次经真武、天马、叠螺等山而远去，为人杰地灵、家业兴旺之地。

祖先崇拜的另一个重要场所是居民的家中，黄姚的居家崇拜活动是整个黄姚信仰空间的末端，是最为基本、最为广泛的。黄姚人在民居中所祭拜的对象是个人化的祖宗神位牌，安放于堂屋的神龛内，这与很多汉族堂屋正厅供奉“天地君亲师”牌位不同。神龛由里及外雕饰精美繁复，镶嵌于祖堂明间后部的木隔板的中部或上半部，使神位处于高处，给人庄重肃穆和仰望神灵的感觉，同时也使祖宗神灵不受居民日常琐事所扰。有趣的是，黄姚居家崇拜的香火，除了供奉给祖先，还供奉给自家的门神。也许黄姚人不仅需要牢固的防御设施，还需要神仙的加持助力才能心安。许多黄姚民居入口大门背后的墙壁上会有一个凹壁龛，放置香炉祭祀门神，祈求门神护佑门第坚固，出入平安。

弥漫的紫烟与不绝的香火渗透到了黄姚人的血脉与黄姚的社会建构中，黄姚的信仰系统体现了“天人合一”“神人合一”的中国传统自然观，天地、信仰与人居相依相生，和谐共处。如果以神仙的角度看黄姚，透过缭绕云雾，真武山如真武大帝端坐天地间，他的脚下便是黄姚古镇，古镇的轮廓如神龟，而古镇蜿蜒的街巷如龟背上盘缠的神蛇。这是一个多么具有浓郁神性气息的红尘地。

Adam.DONG

文人光谱：红日白云与乱世的爱人

清乾隆四十三年（1778 年）年末，黄姚天寒地冻，笼罩在一片凄苦当中。一副简朴的棺木由江西安远县千里迢迢运回了黄姚，殓葬于大岗坪。逝者林作楫，生前千里为官，客死任所，最终魂归故里。林作楫五十一岁时被朝廷起用，走出黄姚，官至江西省赣州府安远县县令。五十八岁时在任上病故，虽然他的官宦生涯仅仅七年，但他为官清廉，尊师重教，发展义学，同时惩恶扬善，禁止苛征贪墨，在当地获得很好的官声。林作楫病故后，人们发现他身无数金，连置办棺材的钱都没有，为官两袖清风竟至如此！幸得当地士民慷慨资助，林作楫得以入殓。当地士民为林作楫去世而悲痛万分，制作了万民帐、万民袍、万民伞以颂其德政。

林作楫的故事记载于民国廿三年（1934 年）《昭平县志》中。在任某年，江西大旱，安远亦不能幸免，饥馑满地，野有饿殍。林作楫决定开仓救济，同僚以开仓必须奏请朝廷为由劝阻。林作楫果断地说："安远去京城往返快则一月有余，等得御批，这里恐剩人无多。还是开仓救人要紧。"于是一边打开粮仓救济，一边驿报朝廷。有政见不合者趁机向朝廷诬告他"私开国库，欺君罔上"，引起一场政治风波，险些招来杀身之祸。

清康熙、乾隆朝是林作楫所在的年代，是清代最繁华的时期，也是黄姚最辉煌的发展时期。在这个时期，黄姚各宗族势力崛起，以经商积累财富后，大批宗族族人走上明经取士的道路。林作楫的一生就是在这样一个背景下度过的。他出生于黄姚商贾世家，于清乾隆年间乡试中举，在黄姚开设学馆教授学徒，直到五十一岁应召仕官。林作楫在文章、功业和品德上是黄姚读书人的榜样，同时也是黄姚读书人的典范，彰显了黄姚人的文人气质。这种文人气质，是与黄姚这个"桃花源"相适应的，不仅是风雅诗性的格调、礼仪自持的品格，也是豪迈匡时的风骨。

黄姚所处的大环境一直是险恶的，特别是明清时期，深陷府江少数民族起义的旋涡当中，受到极大威胁。但在黄姚这片封闭的小天地内，却是汉、壮、瑶族相处相对和睦的另一番景象。明代壮、瑶为当地世居民族，汉族为迁入的移民，在迁入过程中，汉族与少数民族融合形成了一个新群体——"本地人"。黄姚最堂皇的建筑物宝珠观及戏台也是由汉族与壮族民众共同建造的。这些事例反映了黄姚独具友善淳朴的民风，这种天成的民风，奠定了黄姚文人恬淡风雅的气质。

黄姚的移民造就了黄姚的经济，其经济发达而又重视文教，是黄姚人才辈出的原因。中国古代传统社会阶层分为“士农工商”四民，商处于最卑之位。黄姚宗族势力崛起后，在不断扩充自身经济实力的同时，也在寻求改变低微地位的途径。“学而优则仕”是封建社会改变地位的最大正途，于是“万般皆下品，唯有读书高”成为宗族家训中至关重要的一条。宗祠内供奉读书致仕有功名的先贤族人，如莫氏宗族将“唐代岭南第一状元”莫宣卿供奉于神主牌位的中心位置，古氏宗族将其八世祖成之公以“宋代岭南第一进士”来供奉，体现宗族对族人明经取士的重视，并以此为榜样，激励族人读圣贤书，考取功名。

宗族对族人子弟读书的照顾是相当到位的，族内建立有学田、公田制度，收取租谷或租金作为办学及延请名师的经费。各大宗族多数在宗祠或祖屋中开设专门供族人子弟读书的场所，或者兴办私塾。黄姚有种叫“读书楼”的读书场所，为方形的青砖砌筑的碉楼样式，外观坚固封闭，位于大屋旁边，一般有三四层楼高，耸立于黄姚街区，十分显眼。读书楼平时作为学子读书学习之用，高楼上提供清静的读书空间；在遭受兵匪祸害时，读书楼成为避祸躲藏的场所。黄姚曾有莫氏仙山祠读书楼、古氏宗祠读书楼、郭氏宗祠读书楼、龙畔街莫汝伦家读书楼、中兴街梁氏读书楼等多个读书楼，后多数被拆，现存的中兴街梁氏读书楼为清光绪副贡梁端章所建，坐落于新兴门右侧，高四层，为黄姚古镇最高的历史建筑。梁氏读书楼上有“于古人书无不读，则天下事皆可为”对联，表达了学子内在的自我激励，读书已经成为一种自觉。

黄姚各宗祠的厢房专门设有客房，每逢科考时间供族内贫困学子读书、学习、居住，其他闲杂人等不得占用。吴氏宗族族谱《渤海堂志》记载：“科场之年士子□兴大典，族中应举者俱在，祠内七八九月除值年自住一间外，其余要封出于赴科者居住，不得另租他人……”体现了宗族对学子的优待，并已形成了惯例。各宗族族谱中劝学、励学的篇章，宗祠建筑墙上的先贤读书彩画，对族内子弟起到潜移默化的作用，极具教育功能。

读书楼

黄姚地处险恶环境，需要避祸躲藏的高大坚固场所；学子学习需要清静的读书空间，两方面的需求产生了读书楼的建筑形式。

除了各宗族鼎力相助族内子弟科考之路，地方官府对适龄学童的教育也不遗余力，使黄姚的教育得到很大的发展。清康熙五十八年（1719 年），在昭平知县钱兆澧的推动下，以“官督于上，绅倡于下”的办学模式在黄姚兴办社学，生员学童归县学管理，学款官绅共同捐助补给。在各方的努力下，黄姚形成了浓厚的教育风气并长久传承。

长久浓厚的教育氛围使黄姚结出丰硕的人才成果。据对史料的不完全统计，黄姚在清代出了十几位包括进士、举人以及贡生、秀才等在内的人才，知名的如举人林作楫、梁都，武举人林朗、古知翰，贡生莫汝伦、梁端章、古一博、古述堂，秀才莫蔼然、莫粹然、劳锡旁、古光庭、古振五，庠生古知权、莫廷相、莫汝功、郭泽华、郭敦臣等。大批读书人获得了功名后，家族由商贾人家向仕宦人家转变，跻身四民之首，既有富足的经济地位，又有尊贵的社会地位，藉此成为地方的社会领袖。

虽然黄姚人对科举读书很重视，但似乎做官的热情并不大。从宝珠观戏台的上下场门上的名称可见一斑，其他地方戏台的上下场门上的名称一般为“出将”“入相”，宝珠观戏台的为“惊鸿”“飞燕”，对将相的向往对于黄姚人来讲，似乎还不及眼前的燕雀动人。除了少数读书人高中后外出做官，多数读书人仍然留在当地生活。因为他们有着备受尊崇的社会地位，成为当地社会事务的积极参与者，热心于倡导建桥、铺路、修庙等公益活动。同时，他们的营生有的是设馆授徒、栽培后进，以自己的学识反哺地方文化，如中举后回乡的林作楫、读国子监返乡的莫汝伦、做过多县教谕的古一博等。清宣统元年（1909 年），光绪监生古光庭借用古氏宗祠创办黄姚高等小学，开全县教育之风气。黄姚的读书人似乎对黄姚的生活相当满意，愿意归隐于这片“桃花源”。他们徜徉于黄姚，在水光山色中吟诗作赋，题联作画，以文会友，并把著作展示于公众。至今已留下歌咏黄姚的诗词 187 首，楹联 197 副，形成“有山必有水，有水必有桥，有桥必有亭，有亭必有联，有联必有匾”的人文景观，使古镇内弥漫浓厚的文化气息。

黄姚人应该是爱喝茶的。昭平自古是产茶区，民国廿三年（1934 年）《昭平县志》载：“象矶山，面积极广，地多产茶，味颇佳。”象矶

惊鸿、飞燕

黄姚人重视读书与漠视仕途形成有趣的对比。从宝珠观戏台的上下场门上的名称可见一斑，其他地方戏台的上下场门上的名称一般为“出将”“入相”，宝珠观戏台的为“惊鸿”“飞燕”，对将相的向往对于黄姚人来讲，似乎还不及眼前的燕雀动人。（上图）

黄姚的楹联

古镇有弥漫浓厚的文化氛围，历代文人留下歌咏黄姚的诗词 187 首，楹联 197 副，并展示于公众，形成黄姚“有山必有水，有水必有桥，有桥必有亭，有亭必有联，有联必有匾”的人文景观。（右一）

“且坐喫茶”匾额

“且坐喫茶”匾额是林作楫在黄姚生活了半个世纪的感想，也是黄姚文人对黄姚的生活相当满意，愿意归隐于这片“桃花源”的心态表现。（右二）

山茶叶在黄姚颇受青睐，同时黄姚境内的仙殿顶、东潭岭等地亦有茶叶出产，让黄姚人可以便利地获得鲜美茶叶。林作楫在黄姚生活了半个世纪，应是视茶如命，闲时呼朋引伴在山水间饮茶赏景，在杯中氤氲与山间薄雾萦绕下久久不愿归去。他题写的“且坐喫茶”匾额，正说明了他的心态。“喫”通“吃”，饮、食的意思。匾额至今悬挂于兴宁庙，笔力遒劲，结构严谨，饱满大方，为广西入选全国的十六块名匾之一，被《中华名匾》一书收录，成为古镇的珍贵艺术品。

在黄姚读书人这种“隐”的心态下，黄姚的公共园林景观繁荣了起来。八景构景手法是对一个地方自然与人文景观精华的浓缩表现，黄姚的旖旎景色与黄姚文人的浪漫情怀相结合，使小小一个黄姚，亦拥有八大景及二十四小景。“黄姚八景”颇负盛名，囊括了黄姚的自然风光、人工景观、神话传说及市井烟火等。八景有不同版本，主流的八景为文明晴岚、宝刹晚钟、珠江夜月、黄姚归市、真武屏障、天然风光、龙楼春潦、盘道石鱼。

“文明晴岚”为黄姚八景之首，位于古镇南约 1 公里远的天马山山麓，主体为文明阁。每当大雨初霁，天马山笼罩一片白色山岚，山间蔚然深秀，山下姚江、叠螺山交相掩映，景色幽雅迷人。此时是登临文明阁观景的最佳时机，正如清光绪莫云纪《文明晴岚》诗云：“文明景象本非稀，台阁重新衬翠微。林茂岚光多润泽，登临览胜扣岩扉。”文明阁本是供奉文昌帝君、关帝等的宗教建

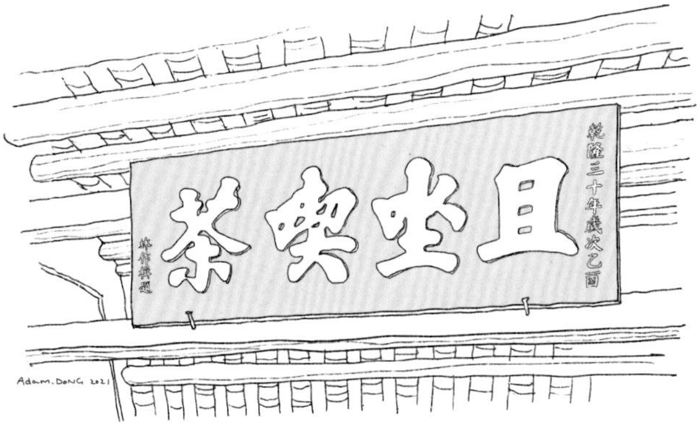

筑群，却成为黄姚读书人在黄姚营造的人文景观代表。文明阁十几座建筑物疏朗地布局于峭壁密林间，集聚了崖壁题书、亭柱题联等众多人文遗迹，刻画所见景致与游人情怀，充分体现黄姚读书人风雅诗性的格调。

文明首第为文明阁第一道山门，对联为“春入水逾响，秋高山更清”。进入山门后是一座可眺远景的砖柱方亭，有豁然开朗之感，故曰“豁然亭”。亭柱有清代贡生古绍先所撰对联，内联为“有风花气犹迷槛，无雨岚光尚滴衣”，外联为“东西岸隔烟波阔，上下江涵画阁添”。内侧联不知何人所题，为“诸君到来不妨坐坐，朋友相会随便谈谈”，倒也呼应了林作楫的“且坐喫茶”。第二道山门为“有声门”，取无声胜有声之意，对联为“星临平野阔，山似落阳多”。第三道山门为“天然图画”，对联为“乾坤风月归图画，山水烟霞入品题”。山门后有一殿阁，清代秀才莫粹然在神龛及石柱上有题联：“万古垂经纬，千秋仰圣神”“杰阁枕高崖合远近佳山名水尽归眼界，鸿恩敷下士仰圣神文经武纬并耀人寰”。福缘台为一石墙，上有碑刻及“禁山石碑”，古绍先题联：“远望人烟多历落，侧闻溪水自潺湲。”福缘台旁是一个惜字炉，古绍先在三面炉壁上题联告诫世人读

文明阁山门

『文明晴岚』为黄姚八景之首，位于古镇南约一公里远的天马山山麓，主体为文明阁，十几座建筑物疏朗地布局于峭壁密林间，集聚了崖壁题书、亭柱题联等众多人文遗迹，刻画所见景致与游人情怀，充分体现黄姚读书人风雅诗性的格调。

书为上、敬惜字纸，正面联“赤文归造化，绿字幻霞烟”，左面联“迹泯八风三雨外，烟迷五岭一溪中”，右面联“一炉纸化氤氲气，万古人存爱护心”。惜字炉周边的摩崖有历代文人留下的墨宝，其中以清光绪年间贺县籍进士、翰林刘宗标游文明阁时所题写的“小西湖”及昭平籍民国将军何武所题写的“蔚然森秀”为著。魁星楼高两层，为文明阁建筑群中最高的建筑，内供奉魁星，读书人参拜魁星以求高中。魁星楼上层有两联，分别为“登千仞壁心先到，上一层楼眼更舒”“光逗松间悬月镜，凉山竹外挂风琴”；下层有一联，为“下界路从溪口过，上方人在画中行”。魁星楼下有个五角小亭谓“不夏亭”，清秀才莫蔼然题写的对联“此地以俯仰为乐，其间于觞咏兴怀”，点明了文人墨客游览文明阁的乐趣所在。不夏亭边有摩崖石刻多处，其中有传说为韩愈亲笔手书的“鸢飞鱼跃”，实则是邑中庠生覃邦先拓归而刻。文明阁在黄姚地位相当重要，黄姚人说“不到文明阁，相当于没来过黄姚”，不仅是因为文明阁景色优美，更是因为文明阁承载的深厚文化积淀及体现的文人气质代表着黄姚的辉煌。

黄姚读书人“隐”的心态，可以用一个地方的楹联来总结，这个地方就是见龙祠。见龙祠在清中后期曾经被洪水冲毁，重建后由梁端章书写了四副对联，题于神龛之前及祠亭的柱子上。神龛前的对联为“见隐显微

惜字炉

文明阁本是供奉文昌帝君、关帝等的宗教建筑群，却成为黄姚读书人在黄姚营造的人文景观的代表。

一甲威蒙保障，龙盘虎踞千秋共仰英灵”；祠亭前联为“拓开四壁凭看石，闲对中流为听泉”，左联为“坐久不知红日到，闲来偏笑白云忙”，右联为“画意诗情山色裹，天光云影水声中”。左联入木三分地勾勒出黄姚人洒脱恬然的境界，这就是黄姚读书人红日白云的文人光谱。

黄姚读书人的洒脱恬然，与颓废、放荡不羁无关。民国廿三年（1934年）《昭平县志》载：“莫粹然，字玉如，关区黄姚人，邑庠生，性聪颖，博览群书，精音律，工书法，生平以礼自持，虽盛暑不露体，口无戏言，坐不倾侧，尤严于治家，内外肃然，客至不闻呼豕叱狗声。”这说明黄姚读书人洁身自好、以礼自持的品格是其文人气质的重要组成。

黄姚读书人除了雅致诗性，同样具有豪迈气概。黄姚东门楼的外联“川达三江直绕过珠海姚溪雄吞西域，楼成五凤特耸出螺峰文峡关键东门”为林作楫所题，对联气势磅礴，把姚江流出形容为“雄吞西域”，把东门楼比作紫禁城午门，意在夸张形容东门楼的雄壮，实则表达读书人内心的一簇心火，一股兼济天下的豪气。正是这种豪气，使林作楫在任官员时甘冒杀身之险，违反朝廷规矩，开仓救济受灾乡民。这种豪气，是同情弱者，不吝善心。民国廿三年（1934年）《昭平县志》载：“莫家成，字卓庵，关区黄姚人，例贡生，有侠气，富有资财，生平乐善好施。每年除夕，以数百金分给贫民，行之四十年不稍吝惜，至于平日拯人之危，济人之急，更不止。此数里中，父老至今，犹啧啧称之。”这种豪气，是不屈于强权的敢作敢为、“直道可风”的精神。古周是清乾隆年间监生，曾任知县师爷，在面对土匪洗劫黄姚街时临危不惧，痛斥土匪的凶残，被土匪杀害。官府为表彰他的英勇，赠予其家“直道可风”牌匾。

见龙祠的左联

见龙祠的左侧对联『坐久不知红日到，闲来偏笑白云忙』尤为精彩，入木三分地勾勒出黄姚人洒脱恬然的境界。

闲来偏笑白云忙
坐久不知红日到
Adam.DONG 2021

黄姚在20世纪40年代迎来一段文化发展的特殊时期，使黄姚在文化上的气质发生了质的改变。1944年夏，侵华日军为挽回在太平洋战场的失利，发动了打通大陆交通线的战事，湖南长沙、衡阳相继沦陷，广西省府桂林危在旦夕。广西省府、机关单位紧急大疏散。11月，桂林失守，荔浦、平乐、蒙山相继陷落，昭平面临日寇的入侵。疏散到昭平的人士再次疏散，许多人来到了黄姚街。小小的古镇虽仅有300户1000多口人，却接纳了8000多位疏散人士，使古镇人满为患，寺庙、祠堂、民居等全部住满了人。国难当头，黄姚人毫无怨言，家家都是尽己所能，义不容辞地为落难同胞提供一处庇护之所。

疏散到黄姚的有欧阳予倩率领的广西省立艺术馆30多人，陈劭先、陈此生等率领的广西建设研究会、广西建设印刷厂，万仲文领导的桂林文化供应社，张锡昌、千家驹、徐寅初等率领的中国工业合作社桂林分社，《广西日报》主笔莫乃群和一批文化人士等。国民党左派元老何香凝等人从昭平县城疏散到八步，在黄姚短暂停留。这些文化精英大多是民主党派人士，在黄姚期间积极投入抗日救亡运动，创办中学、图书馆、艺术馆，举办画展、演出，发行报纸，开设日用品工场等，为黄姚当地百姓办实事，发展文化事业。

1945年1月，中共广西省工委书记钱兴以商人李先生身份从钟山来到黄姚，联系张锡昌、周匡人、徐寅初等中共中央南方局的地下党员，以宝珠观、黄姚中学为基地，开展抗日救亡和敌后民主运动。

何香凝是国民党左派的杰出代表、著名政治活动家、画家。在日寇即将进攻桂林时，何香凝与一批民主党派人士及文化界人士顺桂江而下，准备到苍梧与国民党军事委员会驻桂林办公厅主任李济深汇合，开展救亡运动。到达昭平县城时，在昭平当局及群众的热情挽留下，留在当地领导昭平人民抗日救亡。何香凝及民主党派爱国进步人士在昭平停留、工作了3个月。在日寇进攻昭平县城前夕，何香凝应邀前往八步，途经黄姚时受到民众的热烈欢迎，住在宝珠观旁的准提阁，数日后离开黄姚前往八步。

欧阳予倩为戏剧戏曲教育家、艺术家，1889年5月出生于湖南省浏阳县（今湖南省浏阳市），曾留学日本，归国后成为著名话剧演员，并开始培养戏剧人才，尝试进行戏剧教育改革。1940 年他在桂林创办广西省立艺术馆，对桂剧进行改革，导演话剧宣传抗日。欧阳予倩率领广西省立艺术馆工作人员疏散到黄姚后，得到黄姚民众的大力支持帮助，住在迎秀街民宅内。广西省立艺术馆在吴氏宗祠内继续开办，开展音乐教育、举办画展等。1945 年元旦，为了鼓舞群众抗日救亡的信心和士气，满足群众的文化需要，艺术馆的全体人员及在黄姚的各界人士精心策划演出了一台元旦晚会。晚会在宝珠观戏台演出，其中有百人进行了新年大合唱，欧阳予倩表演京剧《辕门射戟》，欧阳予倩的女儿欧阳敬如独唱《放下你的鞭子》《铁蹄下的歌女》等。晚会受到方圆数十里群众的热烈欢迎，盛况空前，给黄姚留下了一次文化盛事的记忆。欧阳予倩是黄姚中学的倡建者之一，中学办起来后，他给学生讲艺术常识，并克服困难建了图书馆，丰富学生知识，开阔学生视野。《广西日报》（昭平版）在黄姚复刊后，他担任社务委员会主任。欧阳予倩在昭平及黄姚生活了 10 多个月，以文化艺术的形式宣传抗日，传播艺术文化知识，在抗日救亡运动中发挥了巨大作用。

张锡昌为江苏无锡人，1902 年生，1936 年加入中国共产党，受中共中央南方局的派遣，来到广西桂林负责建立中国工业合作社桂林分社（桂林“工合”事务所），创办《中国工业》杂志，并担任广西师范学院教授等。工业合作社是以合作化形式从事日用工业品的生产，为失业工人自救和支援抗战的一支独立经济力量。张锡昌率领桂林“工合”事务所疏散到黄姚后，确定以“合作方式，促进生产”的工作方针在桂东各地建立“工合”工作联络站，激发民众的抗日热情。张锡昌是《广西日报》（昭平版）社务委员会委员，他成立了印刷生产合作社，承印《广西日报》（昭平版）。与各界文化人士参与筹建了黄姚中学，为学生讲授时事课，并积极接纳中共广西省工委机关派来的党员，安排转移到中学担任教师、职工，为中共广西省工委做了大量工作。张锡昌及其领导的桂林“工合”事务所在特定的历史时期以独特方式发展地方经济，为改善民众生活和支持抗战立下汗马功劳。

莫乃群是广西藤县人，1911 年生，为广西大学教授、《广西日报》总编辑。1944 年秋，局势吃紧，广西省府桂林的《广西日报》被迫停刊，莫乃群随着何香凝等民主人士向昭平疏散。在昭平，莫乃群决定创办《广西日报》（昭平版），得到疏散到来的各方面人士的支持，并于1944年11月正式出版发行。再次疏散到黄姚后，《广西日报》（昭平版）于1945年2月复刊，印刷工房租在迎秀街4号麦咏宗住宅。《广西日报》（昭平版）得到中共广西省工委的指导和帮助，积极宣传抗日救亡，反映人民的呼声，对推动桂东地区抗日民主运动的开展起到了积极的作用。

千家驹，1909年8月生，17岁考入北京大学经济系，曾核对吴半农翻译的马克思的《资本论》，出版《广西经济状况》等专著。千家驹曾任广西大学经济系教授，兼任广西建设研究会经济部副主任。1945年3月，为满足黄姚群众的强烈需求，千家驹与欧阳予倩、张锡昌、莫乃群等文化名人向县政府驻黄姚办事处申请筹办黄姚中学。1945年4月，"临江中学黄姚分校"开学，千家驹担任校长。《广西日报》（昭平版）在黄姚复刊后，他担任社务委员会委员，为报纸撰写社论、时评和其他文章，宣传抗日救亡，针砭时弊。

高士其是著名的细菌学家、科普作家，福建人，生于1905年，1925年清华大学毕业，1927年在芝加哥大学攻读化学学士学位和医学博士学位。在攻读博士学位期间，不幸在一次实验中被病菌感染导致终身残疾。高士其归国成为科普作家，受到进步思想影响，1937年奔赴延安并于1939年加入中国共产党。因病情加重，高士其辗转多地治疗，于1941年在桂林养病，担任东南盟军服务处技术顾问兼科学食品研究所所长，《自然科学》副主编。桂林危急后，高士其在作家马军夫妇的搀扶照顾下，拖着沉重的病躯来到昭平；而后再次疏散，他躺在竹椅绑成的轿子上翻越大风坳、百步梯来到黄姚。高士其经历数次生死，历尽磨难，但意志坚定，乐观豁达。在黄姚期间，他虽然因高度残疾行走不便，发音困难，但仍然坚持写书著作。在马宁的帮助下，高士其出版了著作《奇妙的书》，并发表了为《广西日报》（昭平版）写的科学小品《美味的黄姚豆豉有霉菌的一份功劳》等文章。

抗战胜利之日，古镇群情振奋，彻夜欢庆，而后疏散人士们开始分批离开黄姚。黄姚又恢复了往日的平静。风雨同舟的人虽然离开了，但他们带来的进步的思想和先进的文化保留了下来，使黄姚这样一个偏僻山区小镇的文化格调发生了翻天覆地的转变。如今，中共广西省工委旧址、广西省立艺术馆旧址、广西日报社黄姚分社旧址、何香凝故居、欧阳予倩故居、张锡昌故居、高士其故居、千家驹故居等历史遗迹，成为黄姚古镇的宝贵财富，是黄姚人对这些名人的怀念,也是对那段历史时期的记录。

黄姚以博大的胸怀接纳了国难时期颠沛流离的人们，以桃花源般的宁静、深厚的文化氛围抚慰了这些饱受离别之苦的心灵。黄姚的善心善德让这些疏散人士终生难忘。高士其一首情真意切的诗《别了，黄姚》最能代表所有疏散人士饱含的感激之情:

别说我们住厌了旧村庄，
别说我们不喜欢小草屋，
在你温暖的怀抱里，
滴落了疏散人的泪珠，
如今，抗战胜利了，
我们得回去！
别了，黄姚——我们避难时的保姆！

别说我们走厌了石板路，
别说我们不喜欢迎秀街，
在你鱼鳞似的房檐下，
收走了下江人的估衣摊。
如今，和平成功，
我们得回去！
别了，黄姚——我们患难中的朋友！

别说我们看厌了桐柏山，
别说我们不喜欢桥梁，
在你明媚秀丽的山水间，
响起了归途人的脚步声。
如今，时局稳定，
我们得回去！
别了，黄姚——我们乱世间的爱人……

Adam.DONG

大戏上演，黄姚有气

黄姚古镇历经千年，仍能完整地把旧时风貌原汁原味存留至今，实属不易。当代学者苍铭在《黄姚古镇形成与存留原因探析》中总结了黄姚在当代能够留存的五个主要原因：一是古镇建筑坚固结实，二是地理位置偏离现代交通中心，三是生计方式的变迁使经济停滞，四是政治中心地位失却使古镇没有了活力，五是政府新区建设保护了古镇。全国各地的古镇，能在当代激烈的城镇化过程中避免被推平拆掉命运的，无不是在改革开放初期因无法搭上经济高速发展的快车而被遗忘，一般都是贫困破败的面貌，黄姚古镇是其中的一个，这种境地算是幸运还是不幸呢?

黄姚地处桂东偏僻山区，自古交通不便。当代交通的建设极大改变了贺州当地的经济发展模式，但是多条公路都是远离黄姚的，连接黄姚到昭平县城的公路为三级路，因要翻越大风坳，亦是崎岖难行，使黄姚处于当代交通的边缘，也处于贺州经济发展圈的边缘。直到 2012 年，大风坳下通隧道，从八步到昭平由原来 140 公里的三级路变成 120 公里的水泥二级路，成为黄姚到县城的便捷通道，才使黄姚的交通状况有所改善。2017 年包茂高速全线开通后，把黄姚与全国联系在了一起，黄姚终于走出了深山，走向世界。

随着社会变革，黄姚古镇内居民的身份在新中国成立后发生了改变，居民从原来以商业贸易为主要生计转变为从事农业生产，私有土地不复存在，私人建设活动趋于停止，黄姚古镇内的城镇面貌更新进入静止状态。1984 年黄姚镇设立，需要建设镇政府机关办公楼及其他公共建筑，面临选址的问题。幸运的是，镇政府机关办公楼及其他公共建筑选址于古镇外的西北部，新开辟的新街也基本位于古镇外沿，这一决策使古镇避免了全面拆旧建新的冲击，保存了古镇古建筑。

写生的人

写生的人在描绘黄姚美景，也成为黄姚一道独特的风景线。

遗憾的是，黄姚有些古迹或独有的景观在某些历史发展时期不幸被人为破坏、损毁，消失于世间。例如环绕黄姚护佑安全的古代石城墙大部分已被拆除，只余少部分遗迹可循；带龙楼、南门楼、锡巩门、金德门、“福凝龙畔”门、天然门等被拆除；宝珠观、守望楼、太平门、永安门、福德祠等曾被夷为平地，后复原重建；古镇西北部原有大片的古樟树林，是黄姚的风水林与“绿肺”，因建设遭到砍伐与毁坏，高大的古樟树所剩无几，殊为可惜；仙山祠东面原有两张莫家先祖铺砌的大石坪，由厚实平整的青石板精心铺砌而成，每张有两个篮球场大小，可以在上面晒谷、摆酒席、玩耍等，后来被撬走运去铺周家水库坝面；黄姚几乎所有建筑上的石雕和木雕都被凿去……凡此种种，许多珍贵遗迹再也无法复原，后人无缘目睹，令人痛心。黄姚曾经辉煌，也经历了沉沦。

20 世纪 90 年代，政府认识到了黄姚得天独厚的旅游资源的重要性与含金量，在政府的重视下，黄姚古镇开始了“农业—旅游”的转型，以冀推动黄姚的再次辉煌。为此，当地政府先后发布了多个相关规划：《黄姚古镇风景名胜区总体规划（1999—2010）》《广西昭平黄姚古镇景区——旅游资源开发与历史人文景观保护规划》《广西壮族自治区昭平县黄姚古镇风景名胜区旅游开发规划（2003—2020）》《黄姚镇旅游产业发展规划》《黄姚国家历史文化名镇保护规划（2008—2025）》《昭平县黄姚镇总体规划（2010—2030）》《贺州市黄姚旅游区总体规划（2014—2025）》等。在政府、企业和居民多年的努力下，黄姚的文化遗产得到保护，古街道、古建筑得到修缮，古镇风貌得到维护，基础设施逐渐完善，旅游业取得长足发展，在国内外

黄姚大戏院与吴氏宗祠

大戏上演

对黄姚来讲，新时代的大戏已经开始上演。

声名鹊起，大批的游客从四面八方慕名而来，亲身感受“桃花源”的美景。值得一提的是，黄姚的美景每年吸引超过 2 万人次的画家、美术生前来绘画写生，成为黄姚一道独特的风景线。

黄姚古镇于 1995 年被列为省级风景名胜区；2001 年入选“广西十大旅游精品”；2005 年被亚太地区旅游合作组织、世界华侨华人旅游合作组织和中外旅游品牌推广峰会组委会联合推介为“中国最具旅游价值古城镇”，成为我国最具旅游价值的古城镇之一；2006 年被《环球游报》联合全国 31 家媒体评为“中国最值得外国人去的 50 个地方”之一；2007 年被评为第三批中国历史文化名镇；2009 年被国家旅游局批准为 4A 级景区；2013年被评为“五星级广西乡村旅游区”；2022 年被国家文化和旅游部评为 5A 级景区。此外，黄姚古镇还获得“全国特色小镇”“中国最美的十大古镇”“省级休闲旅游度假区”“广西现代服务业集聚区”“广西文化产业示范园区”“广西养生养老小镇”和中央电视台 2018 年度“魅力小镇”等一系列荣誉称号。黄姚古镇逐渐获得外界的认可，知名度与美誉度不断上升。

在巨大的旅游发展成绩背后，黄姚古镇也存在着不少阻碍发展的缺陷与困难，以下一些影响因素可为代表。

首先是古镇空间有限，旅游容量已经达到饱和。特别是节假日，游客非常集中，导致局部时段古镇的游客峰值大大超出日游客容量，古镇内人满为患。自驾旅游兴起后，古镇周边交通负荷剧增，时常拥堵，游客怨声载道，这些境况严重影响了游客的旅游体验。

其次是古镇旅游业态相对单一，停留在普通观光旅游的层次，旅游供给水平低和结构性短缺，无法满足旅游日益多元化和个性化的需求，无法跟上游客不断提高的购买力和消费意愿。古镇的区位条件并不具备优势，距离贺州市区和昭平县城都有 70 多公里，很多游客只是把古镇游安排为行程当中的一个节点，仅预留半天时间，走马观花游览之后返回昭平县城或贺州市区用餐住宿。一份社会调查显示：黄姚古镇游客的人均旅游消费构成中，长途交通费用占据全部旅游支出的一半，门票、导游、餐饮等占 30% ～ 40%，住宿、购物等占 10% ～ 20%，娱乐消费几乎为零。这种过客匆匆的游览方式不仅让游客无法用心品味古镇的文化魅力，也无法使古镇获得附加值更高的消费性旅游收入，最终无法形成更好地促进经济发展的良性循环。

最后是政府、企业、居民等主体存在着历史遗留下来的利益矛盾，这些没有得到很好的调和，会对古镇旅游的形象和发展产生消极的影响。

在对提升黄姚的旅游质量管理模式摸索了 15 年之后，黄姚决定跳出“黄姚”，突破古镇的旅游空间的限制，拓展外部更加宽广的空间，形成古镇内外互动，推动黄姚古镇旅游经济大发展。2015 年 10 月，贺州市委、市政府批准成立广西黄姚古镇旅游文化产业区，统一对黄姚古镇及新区进行领导、规划、开发、建设、管理、保护、利用等。2015 年 12 月，广西黄姚古镇旅游文化产业区挂牌成立，开启了黄姚旅游文化产业大建设的新纪元，并成为贺州旅游文化养生千亿元产业大发展的一个篇章。

按照“景城相生、文旅相融、山水相映”的原则，产业区先后发布《广西黄姚古镇旅游文化产业区总体规划》《黄姚古镇核心区修建性详细规划》《广西黄姚古镇旅游文化产业区新区控制性详细规划》《广西黄姚古镇旅游文化产业区产业布局规划》等规划，明确发展新定位，奋力构建“东周庄、西凤凰、北平遥、南黄姚”的中国四大古镇新格局。

对比黄姚当初和现在的规划，可看出黄姚的发展雄心与宏大目标。21世纪初，确定黄姚古镇风景区是“以古朴的明清建筑风格、秀美的自然山水环境和深厚的历史文化底蕴为特色，以观光游览为主，休闲度假为辅的自治区风景名胜区”；现在的规划明确为打造“国际知名的古镇休闲旅游目的地、广西旅游发展新一极及中国文旅产业特色区”。规划范围由最初的黄姚古镇核心区15.7公顷、人口2万到如今总体规划范围约358平方公里，建设用地范围约20平方公里，人口约20万的黄姚镇，包含了走马镇、富罗镇、樟木林镇、凤凰乡的旅游资源。

“东村、西湖、南水、北岭、中古镇”五大片区是黄姚产业区提出的联动发展产业布局。“东村”即黄姚东面由北莱、界塘、鹧鸪、太平等传统古村落组成的乡愁记忆区；“西湖”即黄姚西面环绕仙女湖的以乡村主题酒店、房车营地、四季花海、周家水都、特色美食、观光采摘为主的休闲体验区；“南水”即黄姚南面以富罗温泉、世外田园、姚江漂流、瑶家风情为主的亲水游乐区；“北岭”即黄姚北面仙殿顶地质公园、东潭岭森林公园以高山文化、养生文化和佛道文化为主的心灵颐养区；“中古镇”即黄姚古镇街区、大小东街、龙门街、黄姚大酒店、黄姚学院、“梦里黄姚”文化城和以黄姚大剧院为主的乐享核心区。五大片区产业布局充分体现了黄姚产业区“文旅融合、教旅融合、商旅融合、康旅融合”的理念，让不同的区域在业态上有所区别并产生协同，提升品位，留住游客，避免游客在局促和同质化的旅游空间里产生审美疲劳，有效地延长游客的旅游链和消费链，满足游客多元化的旅游需求，消除各种影响发展的不利因素，造福黄姚百姓。未来，黄姚古镇将免费开放，让街区回归休闲、恬适、淡泊的生活方式，还原最美最纯原生态古镇，以其深厚的文化魅力吸引

画中黄姚

游客，让游客真正感受“桃花源”的美景，让文化与美景成为带动整个产业区发展的核心引擎。

这是一种社会空间与关系的重构过程。

2019 年 12 月，气势恢宏的新黄姚大剧院落成。新黄姚大剧院坐落于黄姚街外北部新区的黄姚大道，总用地面积 23000 平方米，建筑面积 7363 平方米，拥有 800 个座位，是一座配套设施完善的现代化大剧院。2020 年 9 月 30 日，中国第一部“百家姓”主题大型旅游演艺剧目《寻根黄姚》在黄姚大剧院隆重首演，以黄姚古镇为载体，深度挖掘黄姚本土文化，用《万姓肇始》《八方来贺》《缘起岭南》《麒麟送子》《魅力黄姚》5 个篇章追溯“我们从哪里来，到哪里去”的人文哲理，并成为黄姚大剧院的常驻演出剧目。

从宝珠观戏台到金德街黄姚戏院，从金德街黄姚戏院再到黄姚大道黄姚大剧院，黄姚的表演中心再次发生转移。

大戏上演，黄姚有气（戏）。

跋

◎ 董 立 东

我对黄姚可谓一见如故，再见倾心。

黄姚古镇在广西的名气不算小，我有很多从事建筑与艺术行业的朋友对这座小镇赞誉颇多。我与黄姚的第一次见面是在2018年，那年我们设计院在贺州举办年会，我觉得必须趁这个机会去会会黄姚。

与闻名遐迩的苏杭古镇相比，黄姚也许算不上最好。然而一见面，我却惊叹了。脚下的青石板路被时光和行人的脚步磨得没有了棱角，却如血脉般串起散落在小巷中的民居与人家。广西居然还藏着一个保存得如此完好的历史小镇，当得上“名不虚传”四个字。

可能因为那时是冬天，所以黄姚游客寥寥，我却在清冷的巷陌中感受到黄姚的亲切。这种亲切感来自从喧嚣城市向简朴古镇的时空转换，我仿佛置身于一种乡土生活的简单宁静中。一个人走在老街巷中，心也更能沉静下来。

作为建筑师，我向来更偏爱现代前卫的建筑风格，认为传统建筑“美则美矣”，却已在时空维度中停止生长。但在黄姚冬日宁静古朴的老街巷中，我突然感悟到，时间即使过去了几十年、几百年，依然川流不息。这一刻的时光和逝去的每一刻时光，在古镇面前是无差别的。时间是没有具象的幻影，却在黄姚的石板路、老房子、旧戏台、斑驳的墙面上留下了印记。它仍旧是鲜活的，在眼前的古镇中继续游走和蔓延。

我当时就有种冲动，想把这样一个黄姚用速写的笔墨画下来。这种冲动大概就和在大江大河前诗人想要赋诗一首，歌者想要高歌一曲，舞者想要一舒长袖的感觉一样，不画不爽。

第二次见黄姚，是两年之后的夏天。为了与赵林一起合著这本关于黄姚的书，我们一行人特意重返故地采风，这次行程让我知道了更多古镇的往事。夏日的黄姚绿意葱茏，水草丰茂，游客也多了起来。之前清冷的黄姚一下子就从被时光封印的画框中走了出来，变得活色生香，丰盈可爱。

要了解一个人，须得观其行，听其言，了解一座古镇亦然。赵林非常敏锐地从黄姚历史的针脚中挖掘出一个个有趣的故事；我的画则是对文字的补充和具象化，希望读者能因此对曾谋面或未曾谋面的黄姚产生一种亲近感。

要让黄姚的灵性跃然画上，有些地方需用线条，有些地方要用色彩，我并未拘泥于用固定的画风去表达，因为黄姚本身就是千面的。从专业的角度，我还发现很多黄姚的建筑细节需要用建筑师的眼光去观察和描绘，用更严谨的方式去记录和刻画它们。

希望读者朋友们都能借助这本书的牵引，有朝一日亲自走进黄姚，感受黄姚的历史之美、建筑之美与时空之美。黄姚不老，它只是岁月绵长。

2021年10月25日

参考资料

以下资料对作者写作帮助很大：

1.《中国方志丛书：昭平县志（影印本）》，（台北）成文出版社，1985 年。

2. 莫艺刚《昭平文史》，内部资料，广西昭平县政协编，2000 年。

3. 陈理、苍铭等《黄姚古镇》，（北京）民族出版社，2007 年。

4. 古冬溱《人在黄姚》，（北京）中国文联出版社，2014 年。

5. 广西昭平县政协《梦境黄姚》，（广州）广东旅游出版社，2006 年。

6. 刘中奇《古镇黄姚》，（南宁）广西人民出版社，2006 年。

7. 谢小英《广西古建筑》，（北京）中国建筑工业出版社，2015 年。

8. 雷翔《广西民居》，（北京）中国建筑工业出版社，2009 年。

9. 段进、揭明浩《世界文化遗产宏村古村落空间解析》，（南京）东南大学出版社，2009 年。

10.[法]劳格文、[英]科大卫《中国乡村与墟镇神圣空间的建构》，（北京）社会科学文献出版社，2014 年。

11. 苍铭《黄姚古镇形成与存留原因探析》，《中央民族大学学报（哲学社会科学版）》，2006 年。

12. 麦思杰《风水、宗族与地域社会的构建——以清代黄姚社会变迁为中心》，《社会学研究》，2012 年。

13. 贺州市人民政府门户网站（www.gxhz.gov.cn）。

特此鸣谢。

图书在版编目（CIP）数据

黄姚古镇 / 赵林，董立东著、绘 . -- 桂林：漓江出版社，2023.3
ISBN 978-7-5407-9140-7

Ⅰ . ①黄… Ⅱ . ①赵… ②董… Ⅲ . ①乡镇—概况—昭平县 Ⅳ . ① K926.74

中国版本图书馆 CIP 数据核字 (2021) 第 179370 号

黄姚古镇（HUANGYAO GUZHEN）

赵 林　董立东 著 / 绘

出 版 人　刘迪才
策划编辑　霍 丽
责任编辑　李 慧
装帧设计　璞 闾
责任校对　苏子新
责任监印　杨 东

出版发行　漓江出版社有限公司
社　　址　广西桂林市南环路 22 号
邮　　编　541002
发行电话　010-85891290　0773-2582200
邮购热线　0773-2582200
网　　址　http://www.lijiangbook.com
微信公众号　lijiangpress

印　　制　广西昭泰子隆彩印有限责任公司
开　　本　889 mm × 1194 mm　1/20
印　　张　9
字　　数　130 千
版　　次　2023 年 3 月第 1 版
印　　次　2023 年 3 月第 1 次印刷
书　　号　ISBN 978-7-5407-9140-7
定　　价　98.00 元